Die großen Schlachten

Jan N. Lorenzen studierte Geschichte in Hamburg und Berlin. Von 1994 bis 2000 war er als Redakteur beim Mitteldeutschen Rundfunk im Bereich Zeitgeschichte tätig. Seit 2001 arbeitet der Grimme-Preisträger als freier Autor und Regisseur.

Jan N. Lorenzen

Die großen Schlachten

Mythen, Menschen, Schicksale

Campus Verlag
Frankfurt/New York

Das Kapitel *1631 – Die Zerstörung Magdeburgs* wurde
verfasst von Hagen Schölzel

Bibliografische Information der Deutschen Nationalbibliothek
Die Deutsche Nationalbibliothek verzeichnet diese Publikation in der Deutschen
Nationalbibliografie. Detaillierte bibliografische Daten sind im Internet über
http://dnb.ddb.de abrufbar.
ISBN-13: 978-3-593-38122-0
ISBN-10: 3-593-38122-2

Copyright © 2006 Campus Verlag GmbH, Frankfurt/Main
Umschlaggestaltung: Heilmann, Hißmann, Hamburg
Umschlagmotiv: akg-images/Betreuung eines Verwundeten 1866/Sell
Satz: Fotosatz L. Huhn, Maintal-Bischofsheim
Druck und Bindung: Freiburger Graphische Betriebe
Gedruckt auf säurefreiem und chlorfrei gebleichtem Papier.
Printed in Germany

Besuchen Sie uns im Internet: www.campus.de

Inhalt

Einleitung

Große Schlachten üben seit jeher eine Faszination aus – und das nicht nur auf Historiker. Sie werden als Wendepunkte der Weltgeschichte verstanden, das macht ihre Anziehungskraft aus: Schlachten entscheiden Geschichte. Hätten die Türken 1529 Wien erobert, ganz Europa wäre von ihnen überrollt worden – so lautet eine gängige These. Hätte Napoleon 1813 bei Leipzig nicht eine Niederlage hinnehmen müssen, dann wäre die Koalition, die sich gegen ihn zusammengeschlossen hatte, auseinander gefallen und Napoleon hätte sein Reich stabilisieren können – so lautet eine andere Überlegung.

Offen oder verdeckt gehört die Frage nach dem »Was wäre wenn ...« stets zu den Schilderungen einer Schlacht. Was wäre geschehen, wenn der Kurierreiter bei seinem entscheidenden Ritt abgefangen worden wäre? Was wäre passiert, wenn ein Bataillon nur eine halbe Stunde früher auf dem Schlachtfeld erschienen wäre? Wie wäre es ausgegangen, wenn der Feldherr etwas weniger zögerlich reagiert hätte? Sähe die Welt heute anders aus?

Die Vorstellung, dass Schlachten »entscheidend« sind, verführt dazu, sie aus dem Rückblick militärisch zu analysieren, um die »ausschlaggebenden« Momente zu finden und die vermeintlichen Fehler der Truppenführer zu orten. In letzter Instanz könnte man den Lauf der Weltgeschichte damit auf kleine und kleinste Ereignisse und Zufälligkeiten zurückführen. Doch diese Sichtweise hat ein Deutungsproblem. Im Nachhinein betrachtet können die meisten Schlachten bereits als entschieden angesehen werden, bevor sie überhaupt begonnen wurden: Als die Osmanen im Herbst 1529 vor Wien die Waffen streckten, waren ihre Versorgungslinien überdehnt, der Nachschub funktionierte nicht in ausreichendem Maße. Und selbst wenn das osmanische Heer die Stadt hätte einnehmen können – es wäre vermutlich im selben Herbst wieder abgezogen. Dasselbe gilt für fast alle Schlachten: Auch wenn

Napoleon mit seinem Feldherrngenie das Ruder in der Völkerschlacht bei Leipzig noch einmal hätte herumreißen können – die innenpolitischen Probleme in seinem Reich waren so gewaltig, die Koalition gegen ihn war so stark, dass ihm die »entscheidende« Niederlage an einem anderen Ort beigebracht worden wäre.

Doch mit der Feststellung, dass das »Kriegsglück« nur selten von dem Erfolg in einer einzigen Schlacht abhängt, ist das Problem nur beschrieben, nicht gelöst. Die Fragen, die sich stellen, sind geblieben: Was entscheidet eine Schlacht? Und vor allem: Was wird durch eine Schlacht entschieden?

Eine neue Perspektive

Die Antwort auf die Frage, was eine Schlacht entscheidet, fällt relativ leicht: das militärische oder logistische Konzept, die Art der Bewaffnung, die Fähigkeiten der Generäle und der Truppenführung, die Ausbildung und die Motivation der Soldaten. Selbst dem Zufall wird im Chaos einer Schlacht eine bedeutende Rolle zugebilligt.[1]

Doch was wird durch eine Schlacht entschieden? Ein Krieg? Die Zukunft eines Reiches? Gar das Schicksal eines Volkes? Um diese Frage zu beantworten, muss man weiter ausholen und einen Perspektivenwechsel in der Geschichtswissenschaft beschreiben, der Mitte des 20. Jahrhunderts seinen Ausgang nahm.

Damals begannen die Historiker, sich stärker für längerfristige soziale und wirtschaftliche Entwicklungen zu interessieren, da man darin die Maßstäbe für den Erfolg einer Gesellschaft erkannte: ihre Modernität, die Effektivität ihrer staatlichen Organisation, beides bestimmt gewissermaßen den Erfolg einer Nation – auch im Krieg.

Als klassische Darstellung dieser Betrachtungsweise gilt zum Beispiel Paul Kennedys umfangreiche Studie über *Aufstieg und Fall der großen Mächte,* in der Kennedy einen direkten Zusammenhang zwischen der wirtschaftlichen Leistungsfähigkeit einer Gesellschaft und dem Erfolg in kriegerischen Auseinandersetzungen herstellt. Unterblieb in Friedenszeiten die staatliche und wirtschaftliche Modernisierung, war der militärische Niedergang vorgezeichnet. Eine einzelne Schlacht hat nach dieser Vorstellung keine entscheidende Bedeutung mehr, sie kann lediglich als offenkundiger Höhepunkt einer Entwicklung gelten, der tiefere Ursachen zugrunde liegen.[2]

Vor diesem Hintergrund wird verständlich, warum es heute nicht mehr ausreicht, sich mit Schlachten in einem Sinne zu beschäftigen, wie es die so genannte Offizial- oder Stabsgeschichte tat. Begründet wurde diese Art der Kriegsgeschichtsschreibung in Deutschland wesentlich von Helmuth von Moltke, im Deutsch-Französischen Krieg 1870/71 Chef des preußischen Generalstabes. Wir werden ihm im Kapitel über die Schlacht bei Sedan wieder begegnen.

Offizial- oder Stabsgeschichte meint die präzise und gewissenhafte Schilderung von Kriegs- und Schlachtenverläufen, ihre Nacherzählung mithilfe von Karten, die strategische und taktische Analyse der Aktionen der beteiligten Truppenverbände und darüber hinaus die Einteilung von Schlachten in Kategorien wie Grabenschlacht, Materialschlacht, Umzingelungsschlacht, Durchbruchsschlacht und Ähnliches. Diese Art der Militärgeschichte umfasst zudem die Lehre von Waffen und Waffensystemen, von Infanterie, Kavallerie und Artillerie, von Muskete und Zündnadelgewehr, von Haubitze und Schrapnell, von Langbogen und Hellebarde, von Ritterrüstungen und Kriegsschiffen.

Populär war diese Form der Geschichtsbetrachtung im 19. und in der ersten Hälfte des 20. Jahrhunderts. Heute wird sie praktisch nur noch in der Offiziersausbildung an Militärakademien gelehrt. Im wissenschaftlichen Diskurs jedoch ist diese Art der Schlachtenbetrachtung abgelöst worden durch eine Geschichtsschreibung, die sich zunächst darauf konzentrierte, die sozialen und wirtschaftlichen Entwicklungslinien einer Gesellschaft zu erforschen, um sich dann, mit einem veränderten Konzept, wieder der Schlacht zuzuwenden. Die Fragestellung lautete nun: Warum wird eine einzelne Schlacht, auch wenn ihr aus wissenschaftlicher Sicht keine ausschlaggebende Bedeutung zuzumessen ist, überhaupt als entscheidend wahrgenommen?

Die Antwort auf diese Frage scheint zunächst relativ einfach: Eine Schlacht wird dann als »Entscheidungsschlacht« verstanden, wenn sie ein Kräfteverhältnis deutlich sichtbar macht, das schon zuvor existierte; wenn die eigene Über- oder Unterlegenheit danach nicht mehr infrage gestellt werden kann. In der Wahrnehmung der Zeitgenossen wird eine Schlacht dann zu einer Entscheidungsschlacht, wenn sie einen eindeutigen Sieger und einen offenkundigen Verlierer kennt; Triumph und Niederlage müssen so vollständig sein, dass weitere kriegerische Auseinandersetzungen sinnlos sind.[3]

Doch so simpel diese Antwort klingt, damit wurde ein völlig neues Forschungsfeld eröffnet: Von nun an galt es, Schlachtengeschichte als

die Geschichte ihrer Wahrnehmung zu schreiben. Und dabei kristallisierten sich zwei Ansätze heraus, die beide auf eine sehr interessante Art
und Weise miteinander verbunden sind: Im ersten wird das Schlachtfeld als individueller Ort der Erinnerung verstanden, im zweiten geht
es um die Frage, wie aus einem persönlichen Erleben eine kollektive
Wahrnehmung wird.

Das Schlachtfeld als Ort der individuellen Erinnerung

Bei diesem Ansatz handelt es sich um den Versuch, die Schlacht aus den
persönlichen Erinnerungen der einfachen Soldaten und der betroffenen
Zivilbevölkerung zu rekonstruieren. Geprägt hat diese Forschungsrichtung Mitte der siebziger Jahre des 20. Jahrhunderts der britische
Historiker John Keegan mit seinem Buch *Das Antlitz des Krieges*.[4]
Der Perspektivenwechsel ermöglicht der Kriegsgeschichtsschreibung
geradezu umwälzende Feststellungen. Die wichtigste Erkenntnis ist,
dass der Blick der Soldaten in einem zentralen Punkt nicht mit der
Sichtweise des Feldherrn übereinstimmen kann: Während der Feldherr, umgeben von seinen Stabsoffizieren im Hauptquartier, also in
relativ stabiler Umgebung, die Geschehnisse der Schlacht betrachtet
und seine Befehle gibt, ist die Situation des einfachen Soldaten viel
komplexer. Zum einen ist es ihm unmöglich, ein geordnetes Bild der
Schlacht zu gewinnen. Auch wenn sein Bataillon vorrückt, kann zur
selben Zeit – ohne dass er es erfährt – die Schlacht an anderer Stelle
verloren gehen. Zum anderen aber ist seine Umgebung bedeutend unsicherer:
»Weite Strecken des Kampfes mag er als leicht besorgter Zuschauer
verbringen, weil ihm eine Laune des Schicksals einen verhältnismäßig
gefahrlosen Ausblick auf andere Kämpfende einräumt, und dann sieht
er vielleicht plötzlich nur noch die Erdklumpen, auf die er sich schutzsuchend geworfen hat. [...] Nacheinander kann er Langeweile, Jubel,
Panik, Wut, Kummer, Bestürzung und auch jene sublime Emotion
empfinden, die wir Mut nennen.«[5]
Was John Keegan in diesen Sätzen beschreibt, gilt für die Mehrzahl
der Soldaten, die an einer Schlacht beteiligt sind. Aus ihren Berichten
wird deutlich, dass kaum ein Erlebnis sich im Leben dieser Menschen
so stark ins Gedächtnis einprägte wie die Schlacht; selten stellte sich
die Frage nach Überleben oder Sterben so unmittelbar. Die stete Todes-

drohung wurde zur kollektiven Fundamentalerfahrung aller Beteiligter. Und aus diesem Erleben ergibt sich ein Konflikt mit der üblichen Betrachtungsweise einer Schlacht und dem Wertesystem des Feldherrn: »Gewinnen« oder »verlieren« sind für den einfachen Soldaten sekundäre Kategorien. Primär geht es für ihn nur um eines: ums eigene Überleben. Diese fundamentale Erfahrung einzufangen, das Antlitz der Schlacht aus der Perspektive der einfachen Soldaten und der betroffenen Zivilbevölkerung darzustellen, ist das Ziel des vorliegenden Buches.

Doch bei der Lektüre von Augenzeugenberichten ist Vorsicht geboten. Schilderungen von Beteiligten sind nur selten frei von Zwängen und Wünschen, von Rechtfertigungsversuchen oder Verharmlosungen; immer ist der Ruf des Verfassers abhängig vom Inhalt seiner Beschreibungen. Soldatenberichte sind deshalb stets, wie alle Memoiren und autobiografischen Aufzeichnungen, Teil der Selbstinszenierung – besonders wenn sie dazu dienen, im Erinnerungsaustausch zwischen Veteranen die eigene Leistung und den persönlichen Mut aufzubauschen oder wenn sie Kindern oder Enkeln von den eigenen Erlebnissen berichten sollen. Vom Urteil seines sozialen Umfeldes kann ein Verfasser sich niemals gänzlich frei machen. Bereits im Moment des Erlebens, erneut beim Sortieren der Erinnerungen und schließlich beim Wiedergeben wird das Erlebte im Sinne dieser sozialen Gruppe gedeutet – oder ihr entgegengestellt.

Damit ist angedeutet, was im Mittelpunkt des zweiten modernen Ansatzes der Geschichtswissenschaft im Umgang mit historischen Schlachten steht: Es geht um die Frage, wie aus der persönlichen Wahrnehmung des einfachen Soldaten die kollektive Wahrnehmung einer sozialen Gruppe werden kann. Die Schlüsselbegriffe dieses Forschungsansatzes sind »Gedächtniskultur« und »Erinnerungsort«.

Das Schlachtfeld als Erinnerungsort

Seit der Etablierung der Geschichtsschreibung als Wissenschaft im 19. Jahrhundert galt es als wichtigstes Paradigma, den Mythos von der Realität zu trennen und, nach einer berühmten Forderung Leopold von Rankes, Geschichte so zu erzählen, »wie es eigentlich gewesen«. Quellen sollen in diesem Sinne sorgfältig überprüft, Thesen aufmerksam abgewogen, Werturteile weitgehend vermieden werden.

Wirklich gelungen ist dies nie. Objektivität ist das hehre Ziel, das aber nie erreicht werden kann. Jede Generation hat ihre Geschichte neu geschrieben und gedeutet – auch die Schlachten unterlagen der Mode und dem Zeitgeist.

Der mit den Begriffen »Erinnerungsort« und »Gedächtniskultur« operierende neue Forschungsweg geht von völlig anderen Voraussetzungen aus. Er versucht nicht mehr, Mythos und Realität zu scheiden; aus der Einsicht, dass dies nicht gelingen kann, entstand der Ansatz, beides miteinander zu verbinden und den Mythos dabei als Teil der Realität zu betrachten. Den Durchbruch erlangte diese Forschungssicht durch das siebenbändige Werk *Les lieux de mémoire* (Orte der Erinnerung), herausgegeben vom französischen Historiker Pierre Nora.[6] Pierre Nora und seine Mitstreiter versuchen nicht mehr, die Geschichte Frankreichs als eine »Gesamtheit von Realitäten« zu beschreiben; sie definieren Frankreich vielmehr als eine Realität, »die selbst symbolisch ist«. Dieser metaphysischen Überhöhung, die sich an bestimmten Orten und in eigenen Mythen manifestiert, gelte es nachzuspüren.[7]

Für historische Schlachten ist dieser Ansatz in besonderem Maße gültig. Ein Schlachtfeld bedeutet viel mehr als nur den Ort, an dem eine Schlacht mehr oder weniger zufällig stattfand; es ist auch mehr als ein Ort der unmittelbaren, der persönlichen Erinnerung der Beteiligten. Denn mit dem Ereignis selbst setzt auch der Kampf um die Deutungshoheit darüber ein. Durch Ansprachen, Staatsakte oder Denkmäler wird die Erinnerung an eine Schlacht in kulturelle Formen gebracht. Mit Gedenktagen wird das Ereignis politisch interpretiert und instrumentalisiert. Besonders gilt dies für Schlachten, die mit den Attributen »groß« oder »entscheidend« beschrieben, die als »schicksalhaft« empfunden oder als »Wendepunkte« angesehen werden. Eine Schlacht kann für eine ganze Nation oder eine bestimmte soziale Gruppe zu einem »Erinnerungsort« mit legendenhaften Dimensionen werden. Und um diesen »Erinnerungsort« herum bildet sich das, was Historiker als »Gedächtniskultur« bezeichnen.

Im vorliegenden Buch wird deshalb die Perspektive »von unten« zwar beibehalten, jedoch auch die mythologische Grundstruktur der jeweiligen Schlachten in die Betrachtung mit einbezogen. Es muss bewusst bleiben, dass die Augenzeugenberichte – auch wenn sie noch so zeitnah zum Ereignis abgefasst wurden – nicht ohne den Rückgriff auf die Erinnerungskultur der jeweiligen sozialen Gruppe entstanden sind. Teilweise gilt dies sogar kapitelübergreifend. Der bayerische Soldat

Florian Kühnhauser, auf dessen Bericht das Kapitel über den Deutsch-Französischen Krieg 1870/71 wesentlich beruht, zieht in die Schlacht von Sedan mit der Erwartung, eine »Völkerschlacht« wie anno 1813 zu erleben. Sein Erleben der Schlacht in Frankreich zur Kenntnis zu nehmen, ohne den Mythos der Völkerschlacht zu kennen, und die mythologische Überhöhung der Schlacht bei Sedan zu schildern, ohne darauf einzugehen, dass sie auf die Symbolik der Völkerschlacht zurückgreift, wäre also kaum möglich.

Sieg und Niederlage in der Erinnerungskultur

Die Entscheidung, die Schlachten sowohl aus der Sicht der einfachen Soldaten als auch unter Beachtung ihrer jeweiligen Symbolik darzustellen, bringt eine weitere Schwierigkeit mit sich. Denn zu einem Kampf gehören Sieg und Niederlage. Beides eignet sich gleichermaßen zur sinnbildlichen Überhöhung – doch unter völlig unterschiedlichen Vorzeichen für die Sieger beziehungsweise die Besiegten.

Dazu zwei Beispiele: Während Wien nach dem Abzug des osmanischen Heeres 1529 als Bollwerk des christlichen Europa gegen die muslimische Gefahr galt, wurde es für die osmanischen Seite zu einem Ort des Verlangens und der Sehnsucht, zur legendären Stadt des »goldenen Apfels«. Und während man den 2. September, den Tag der Schlacht bei Sedan 1870, in Deutschland zum »Sedantag«, zum inoffiziellen Feiertag der Konstituierung des deutschen Kaiserreichs machte, hieß es auf französischer Seite bald, es habe des Schocks von Sedan bedurft, um Frankreich aus seiner Agonie zu reißen. In beiden Ländern erhielt der Tag damit identitätsstiftende Wirkung – allerdings in völlig unterschiedlichen Deutungsmustern.

Doch nicht immer wird eine Schlacht für beide Kampfparteien gleichermaßen zum Symbol: Ein »entscheidender Sieg« für die einen ist nicht notwendigerweise eine »vernichtende Niederlage« für die anderen. Das markanteste Beispiel hierfür ist die Völkerschlacht bei Leipzig: Nur in Deutschland konnte sie zu einem Erinnerungsort werden; nur hier nahm man sie als »Entscheidungsschlacht« innerhalb der so genannten Befreiungskriege gegen Napoleon wahr. In Frankreich dagegen ist die Völkerschlacht ohne jegliche Relevanz für die Gedächtniskultur: Nicht einmal der Begriff »Völkerschlacht« ist bekannt; als »Schlacht bei Leipzig« ist sie eine unter vielen. Die napoleonische Niederlage ist für das französische Erinnern mit einem anderen, späteren Ereignis verbunden: der Schlacht bei Waterloo.

Deutlich zeigt sich also, wie wenig die Vergabe des Attributs »entscheidend« mit der vermeintlichen Realität zu tun hat. Sie ist vielmehr abhängig von Wahrnehmung und Perspektive. Und wie sich im speziellen Fall der Völkerschlacht noch zeigen wird, bezieht sich das Beiwort »entscheidend« zuweilen nur vorgeblich auf den Gegner. Seine eigentliche Bedeutung, seine identifikatorische Wirkung strahlt vielmehr nach innen aus: Die Völkerschlacht war konstitutiv und damit »entscheidend« für die deutsche Nationalbewegung. Ähnlich, allerdings bedeutend komplexer, ist die Lage im Falle Wiens und des Sieges gegen die Türken 1529. Doch darauf wird in dem entsprechenden Kapitel einzugehen sein.

Das Beispiel Sedans weist auf ein weiteres Paradoxon hin, das der gängigen Vorstellung widerspricht, eine gewonnene Schlacht könne das Schicksal einer Nation auf Jahrzehnte beeinflussen. Anhand des deutschen Sieges und der französischen Niederlage 1870/71 hat der deutsche Soziologe Wolfgang Schivelbusch darauf hingewiesen, dass der Erfolg im Krieg die Notwendigkeit von Reformen in Deutschland verdeckte, während die Niederlage in Frankreich neue Kräfte freisetzte und zu einem Modernisierungsschub führte. Offenkundig, schreibt Schivelbusch, sei die Orientierung der Verlierer am Erfolgsmodell der Sieger – eine Beobachtung, die ebenfalls zu diskutieren sein wird.[8]

Die ausgewählten Schlachten

Vier Schlachten werden im vorliegenden Band vorgestellt: Die Belagerung Wiens durch die Türken 1529, die Erstürmung Magdeburgs im Dreißigjährigen Krieg 1631, die Völkerschlacht bei Leipzig 1813 und die Schlacht bei Sedan 1870. Der Begriff der Schlacht ist dabei bewusst weit gefasst. Er bezeichnet nicht nur das klassische Gefecht von Armeen auf einem überschaubaren Schlachtfeld (Leipzig 1813 und Sedan 1870), sondern umfasst auch eine mehrwöchige Belagerung (Wien 1529) und die Erstürmung und Zerstörung einer Stadt (Magdeburg 1631). Wichtig für die Auswahl war zunächst, dass alle Schlachten den Charakter eines »Erinnerungsortes« haben. Sie alle entwickelten im Laufe der Geschichte einen eigenen Mythos, eine eigene Mythologie, der zum Teil bis heute nachwirkt.

Ein weiteres Kriterium war die Verfügbarkeit von Quellen, die es ermöglichen, der gewünschten Perspektive »von unten« gerecht zu werden.

Drittes Kriterium für die Auswahl war, dass die Schlachten hinsichtlich medizinischer Versorgung, Waffentechnik und der sozialen Situation der Beteiligten für die jeweilige Zeit als exemplarisch gelten können, sodass über die konkrete Erfahrung hinaus verallgemeinernde Aussagen getroffen werden können.

Dieses Buch ist entstanden als Begleitband zur Fernsehreihe *Die großen Schlachten* im Auftrag des Mitteldeutschen Rundfunks, des Westdeutschen Rundfunks, des Hessischen Rundfunks und des Saarländischen Rundfunks. In seiner Detailfülle und in seinem methodischen Ansatz geht es jedoch weit über die Fernsehreihe hinaus.

1529
Die Belagerung Wiens

Vom 24. September bis zum 16. Oktober 1529 belagerte ein gewaltiges osmanisches Heer die Stadt Wien. Süleyman der Prächtige, der türkische Sultan, war ausgezogen, um den »goldenen Apfel der Deutschen«, wie die Osmanen Wien nannten, zu erobern. Die Situation der Verteidiger schien aussichtslos: Fast die gesamte Bürgerschaft war aus der Stadt geflohen. Nur etwa 17 000 Söldner hielten sich in Wien innerhalb der Stadtmauern auf, um sie gegen 150 000 Angreifer zu verteidigen. Als sich das osmanische Heer näherte, mussten die Verteidiger Wiens mit ansehen, wie sich in den Siedlungen vor den Toren der Stadt ein Blutbad abspielte.

»Die Leute viel tausend jämmerlich ermordet, erschlagen und weg geführt, und das zum erbärmlichsten. Die Kinder aus der Mütter Leib geschnitten, weg geworfen oder auf die Spieße gesteckt. Die Jungfrauen, deren Körper man viel auf den Straßen liegen sieht, bis in den Tod genötigt«, so beschreibt ein Augenzeuge das Vorgehen der osmanischen Soldaten: »Der Allmächtige möge ihrer Seelen gnädig und barmherzig sein und solche Morde an den grausamen Bluthunden nicht ungerächt lassen.«[1]

Die Grausamkeiten der Türken gegenüber der Zivilbevölkerung – den Verteidigern Wiens war sie ein Vorzeichen dessen, was auch ihnen widerfahren würde, sollte die Stadt fallen. Drei Wochen lang stand Wien am Rande einer Katastrophe. Mehrmals versuchte Süleyman, die Stadt zu stürmen. Doch schließlich kapitulierte das osmanische Heer angesichts der widrigen Witterungsbedingungen. Völlig demoralisiert begann es, sich am 16. Oktober zurückzuziehen. Wien war gerettet. Noch im Rückmarsch plünderten osmanische Soldaten das gesamte Umland, brannten Dörfer nieder und verschleppten ihre Einwohner in die Sklaverei.

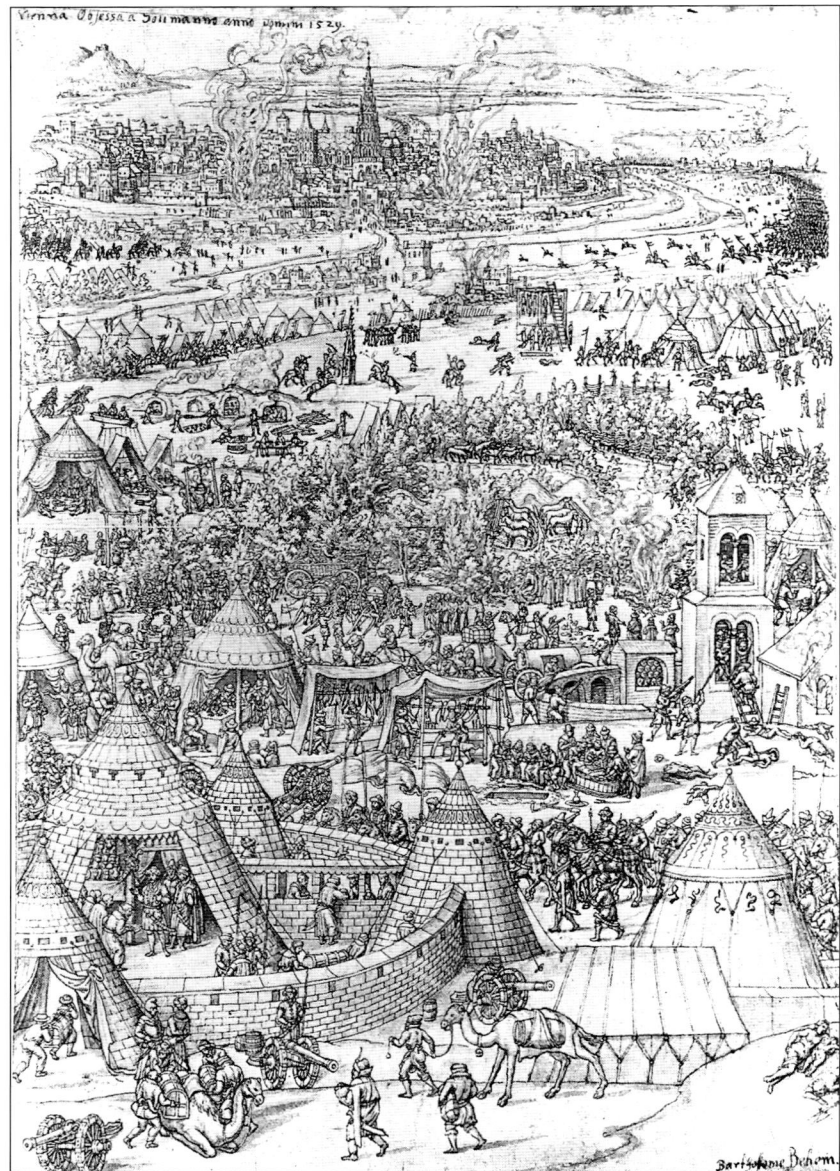

Das osmanische Heer, das 1529 Wien belagerte, war nach heutigen Schätzungen etwa 150 000 Mann stark. Die Stadt Wien hatte dagegen nur etwa 20 000 Einwohner.

Das Bollwerk des Christentums

Die Nachricht von der Rettung Wiens verbreitete sich wie ein Lauffeuer. Zahlreiche Flugblätter und Flugschriften verkündeten sie in ganz

Europa. Der religiösen Tendenz der Zeit entsprechend, verstand man den Einbruch der Türken ins Abendland als Strafe für die Selbstsucht und Hartherzigkeit der Menschen.[2] Einige Darstellungen verbanden dies mit apokalyptischen Vorstellungen; die »Türkenplage« wurde auf eine Stufe gestellt mit Krankheiten wie der Pest oder mit erntevernichtenden Naturkatastrophen wie einer Heuschreckenplage. In den großen Zentren des Buchdrucks wurden diese Berichte unmittelbar nach dem Ende der Belagerung veröffentlicht und in – für damalige Verhältnisse – hoher Auflage verbreitet.

Von Beginn an ist »Wien 1529« damit einer eindeutigen Interpretation unterworfen gewesen. Seit ihrer erfolgreichen Verteidigung galt die Stadt als Europas Bollwerk gegen die »türkische Gefahr« und damit als Bastion gegen die Ausbreitung des Islam. Die Belagerung wurde zur Metapher für osmanische Grausamkeit und muslimische Aggression gegenüber dem Westen. Noch heute gilt Wien als der Ort, an dem diesen Schrecken Einhalt geboten wurde. Bis in die Gegenwart ist die Übereinkunft selbstverständlich, dass eine Niederlage gegen die (muslimischen) Osmanen eine Katastrophe für das (christliche) Europa gewesen wäre. Und noch heute scheint Wien der Ort, an dem sich Europas Schicksal entschied.[3] In seinem zum Klassiker erkorenen Buch *Kampf der Kulturen* schreibt Samuel P. Huntington: »Die Beziehungen zwischen dem Islam und dem Christentum sind häufig stürmisch gewesen. Sie betrachten sich gegenseitig als den Anderen.« Unter Anspielung auf die Wiener Türkenbelagerung führt er aus: »Der Islam ist die einzige Kultur, die das Überleben des Westens hat fraglich erscheinen lassen.«[4] Wien ist insofern Teil eines größeren Mythos: des Kampfes des Abendlandes gegen das Morgenland.

Eine Beschäftigung mit der Belagerung Wiens ist darum auch eine Suche nach dem Ursprung dieses Mythos – und man stellt schnell fest, dass Wien nicht der einzige Ort ist, dem in diesem Zusammenhang mythische Funktion zukommt. In Spanien etwa manifestierte sich dieser »Kampf der Kulturen« in der Reconquista, mit der 1492 die arabische Herrschaft über die iberische Halbinsel beendet wurde und in der Seeschlacht bei Lepanto, in der am 7. Oktober 1571 die osmanische Vorherrschaft über das Mittelmeer gebrochen wurde.

Auch in Südosteuropa gab es zwei Schlachten zwischen Christen und Muslimen, die eine große symbolische Wirkung entwickelt haben. Beide haben mit der enormen Expansion des Osmanischen Reiches im 14. und 15. Jahrhundert zu tun. Die erste fand auf serbischem Boden statt: Im Jahre 1389 wurde ein serbisches Heer auf dem Kosovo Polje, dem Amselfeld, von einer osmanischen Armee derart vernichtend geschlagen, dass dies gleichbedeutend war mit dem Ende des serbischen Königreiches und die jahrhundertelange türkische Herrschaft auf dem Balkan einleitete. Noch heute entfaltet die Erinnerung an diese Schlacht in Serbien identitätsstiftende Wirkung: Die Feier ihres 600. Jahrestags am 28. Juni 1989 stand im Zeichen eines wiedererstarkenden serbischen Nationalismus und Hegemonialstrebens; und im Jugoslawien-Krieg der neunziger Jahre des vergangenen Jahrhunderts war das »Amselfeld« der zentrale Mythos, mit dem der serbische Anspruch auf das mehrheitlich von Albanern bewohnte Kosovo begründet wurde.[5]

Der zweite Erinnerungsort, der bereits als Teil der unmittelbaren Vorgeschichte der Wiener Türkenbelagerung angesehen werden muss, liegt in Ungarn. Im Jahre 1526 hatte ein osmanisches Heer die Ungarn bei Mohács, einem kleinen Ort knapp 200 Kilometer südlich vom heutigen Budapest, vernichtend geschlagen. Das siegreiche türkische Heer besetzte anschließend die ungarische Königsresidenz. Als selbstständige politische Kraft verschwand das Land für fast 400 Jahre von der politischen Landkarte. In Ungarn wird die Niederlage von Mohács deshalb bis heute als »nationale Katastrophe« angesehen, die »schicksalhafte demographische, ethnische, wirtschaftliche und soziale Folgen« für Ungarn und das »Ungarntum« gehabt habe.[6]

Doch Mohács war weit mehr als eine Zäsur innerhalb der ungarischen Geschichte. Seit der Schlacht auf dem Amselfeld hatte Ungarn den Sperrriegel gegen die türkische Expansion gebildet – Papst Pius II. bezeichnete Ungarn damals als »Vormauer und Schild der Christenheit« –, nun ging diese Funktion auf Österreich und die Stadt Wien über. Wäre Wien gefallen, dann hätte sich die Verteidigungslinie weiter verschoben. Eine andere Stadt, ein anderer Ort weiter westlich, vielleicht Linz in Österreich, vielleicht Prag in Böhmen, wäre zum neuen »Schutzwall gegen die Türken« erklärt worden.

Der Sehnsuchtsort der Osmanen

Dieser im Kern defensive Prozess, bei dem die Funktion des »christlichen Schutzwalles gegen die Türken« vom serbischen Königreich über Ungarn auf Wien überging, entspricht einem osmanischen Mythos, der die gegenteilige, die offensive Entwicklung beschreibt: Es ist das Bild des »roten« oder »goldenen Apfels«. Seit der Antike galt der Apfel vor allem in der christlichen Kultur als Symbol der Herrschaft. Im Falle des »goldenen Apfels« wurde dieses Bild in das osmanische Denken übernommen und zum Ausdruck von Expansionswillen und Weltherrschaftsanspruch.

Ihren konkreten Ursprung hat die Legende in der Zeit, als das christliche Konstantinopel von den Osmanen belagert wurde. Es gab dort ein Reiterstandbild, das Justinian I. zeigte. In der einen Hand hielt er einen goldenen Reichsapfel. Das Standbild trug dazu die Inschrift: »Ich besitze die Welt, so lange diese Kugel in meiner Hand.« Konstantinopel wurde auf diese Weise zur ersten Stadt des »goldenen Apfels«.

Als ein Gewittersturm 1317 das Kreuz des Reichsapfels herabfegte und die goldene Frucht in der Folge allmählich zerfiel, deutete man dies als ein Zeichen für das Ende des Reiches. Nachdem Konstantinopel 1453 schließlich von Sultan Mehmed II. erobert und die Hagia Sophia, die bisherige Reichs- und Krönungskirche der byzantinischen Kaiser, in eine Moschee verwandelt worden war, nahmen die Osmanen die Metaphorik des goldenen Apfels auf und übertrugen sie auf weitere symbolische Orte der Christenheit – unter anderem auf Stuhlweißenburg, die Krönungsstadt der ungarischen Könige, und auf Ofen, Teil des heutigen Budapest. Als beide Städte erobert waren, erhielten Wien und Rom den Titel einer Apfelstadt; hätten die Türken Wien überwältigt, dann wäre die Bezeichnung vermutlich einer anderen Stadt verliehen worden.

Der »goldene Apfel« – das war ein Ort der Sehnsucht und des Verlangens, stets leuchtend in unerreichbarer Ferne. Aus dieser Vorstellung entwickelte sich nach der abgebrochenen Belagerung Wiens 1529 ein Brauch: Jedes Mal, wenn ein Sultan nach seiner Schwertumgürtung in der Eyüp-Moschee in Istanbul – in ihrer Bedeutung vergleichbar mit der Krönung europäischer Herrscher – zu seinem Palast ritt, hielt er vor der Kaserne der Janitscharen an. Ein Oberst reichte ihm einen vollen Becher, den der Sultan austrank und anschließend mit Goldstücken füllte. Dabei rief er: »Beim goldenen Apfel sehen wir uns wieder!«[7] So wie der westliche Mythos vom Bollwerk eine christliche Komponente enthielt, so war auch der osmanische Expansionswillen im Symbol des goldenen Apfels in hohem Maße religiös aufgeladen.

Die Vorgeschichte der ersten Wiener Türkenbelagerung

Diese beiden Mythen haben den Blick auf die Ursachen des Konfliktes, der schließlich zur ersten Wiener Türkenbelagerung im Jahre

1529 führte, jedoch eher verdeckt. Um die Hintergründe zu verstehen, muss man zunächst einen Blick auf die politische Landkarte des zeitgenössischen Europa werfen. Im 16. Jahrhundert entstanden die großen Imperien der Neuzeit. Kleinere politische Einheiten waren, wenn nicht zum Untergang, so doch zur Bedeutungslosigkeit verurteilt. Die meisten wurden zur Beute eines der neuen Großreiche, von denen das erste das Osmanische Reich war – ein gigantisches Gebilde mit einem Kerngebiet und einer Pufferzone aus Vasallenstaaten vom Balkan bis in den Nahen Osten und Nordafrika, die vom Sultan in Istanbul zentralistisch regiert wurden.

Unter Sultan Süleyman dem Prächtigen erreichte das Osmanische Reich seine größte Ausdehnung. Die Motive seines Hegemonialstrebens sind unter Historikern stark umstritten. Vielen Forschern, die sich mit der Wiener Türkenbelagerung beschäftigen, ist diese Frage mit dem Hinweis auf die religiöse Komponente bereits ausreichend beantwortet: Die Ausdehnung des Osmanischen Reiches erscheint ihnen als natürliche Folge des religiösen Sendungsbewusstseins der Herrscher in

Süleyman der Prächtige

Süleyman I., genannt der Prächtige, osmanischer Sultan von 1520–1566. Unter ihm erreichte das Osmanische Reich seine größte Ausdehnung.

Süleyman II., genannt »der Prächtige«, ist der berühmteste Sultan des Osmanischen Reiches. Er wurde am 27. April 1495 als Sohn Selims I. in Trabzon geboren. Nachdem sein Vater das Osmanische Reich Richtung Osten und Süden durch Eroberungskämpfe vergrößert hatte, konzentrierte sich Süleyman auf den Vorstoß nach Mitteleuropa und die innere Organisation des Staates. Beides tat er mit großem Erfolg. Unter seiner Herrschaft entstanden zahlreiche Gesetze, die die Lücken in

Istanbul, die zugleich auch Kalifen, also religiöse Führer des Islam, waren und ihre Eroberungen offiziell als Feldzüge »zur Bekehrung Ungläubiger« deklarierten.[8] Dem entgegen stehen Historiker, die diese religiöse Komponente als vorgeschobene offizielle Begründung begreifen, mit denen die Truppen motiviert und auf ein Ziel eingeschworen werden sollten – das Machtstreben erhielt auf diese Weise eine höhere, göttliche Rechtfertigung.[9]

Das zweite Großreich, das Anfang des 16. Jahrhunderts seine Blütezeit erlebte, war das Reich Karls V., eines Habsburgers. Es umfasste unter anderem die Niederlande, Spanien, Österreich, Deutschland, große Teile Italiens und Kolonien in der Neuen Welt – ein Reich, »in dem die Sonne niemals unterging«. Da Karl V. in diesem riesigen Gebiet nicht überall präsent sein konnte, hatte er seinem Bruder Ferdinand die Herrschaft über Deutschland und die österreichischen Erblande übertragen. Ebenso wie bei Süleyman ist auch bei Karl V. die Frage nach der Motivation umstritten; und auch in diesem Fall gibt es keine eindeutige Antwort. Viele Historiker verstehen Karls Handeln als simples politisches Hegemonialstreben, andere sehen es religiös inspiriert, entwachsen der starken Tradition der katholischen Könige, in Kreuzzügen gegen die »Ungläubigen« zu Felde zu ziehen. Für beide Positionen gibt es Belege, sodass diese Frage letztlich unbeantwortet bleibt.[10]

den Bestimmungen der Scharia, dem islamischen Recht, ausfüllten. In der Türkei wird er deshalb noch heute als »kanuni« (Gesetzgeber) verehrt.

1521 eroberte Süleyman Belgrad. Im Anschluss griff er die Insel Rhodos an, die nach sechsmonatiger Belagerung am 25. Dezember 1522 kapitulierte und ins Osmanische Reich eingegliedert wurde. Im April 1526 zog Süleyman mit 100 000 Mann und 300 Kanonen gegen Ungarn. In der Schlacht bei Mohács errang er am 29. August den Sieg und vernichtete damit das ungarische Königreich. Drei Jahre später führte er den Feldzug gegen Wien an, scheiterte dort jedoch. Die türkische Flotte beherrschte zur selben Zeit den größten Teil des Mittelmeers. 1533 wurde Koron erobert und 1534 Tunis unterworfen.

Die osmanischen Eroberungen im westlichen Mittelmeer wie auf dem Balkan blieben allerdings zu Süleymans Lebzeiten hart umkämpft. 1566 – Süleyman war schon über 70 Jahre alt – brach er zu einem abermaligen Heereszug gegen Ungarn auf. Während der Belagerung von Szigetvár starb Süleyman am 5. September 1566.

Karl V. regierte von 1519 bis 1556 ein Reich, in dem »die Sonne niemals unterging«.

Das Reich der Habsburger und das Osmanische Reich wetteiferten zu Beginn des 16. Jahrhunderts um die Vorherrschaft. Hauptaustragungsort dieser Rivalität war das Mittelmeer: Wer das Meer beherrschte, kontrollierte die wichtigsten Handelsrouten; das Meer stellte den Schlüssel zu Macht und vor allem zu Reichtum dar. Vor diesem Hintergrund war der Balkan – soweit damit nicht die Sicherung der Verkehrswege im östlichen Mittelmeer erreicht werden sollte – von relativ geringem strategischem Interesse. In den zwanziger Jahren des 16. Jahrhunderts jedoch bot sich Süleyman eine besonders günstige Gelegenheit, gerade hier anzugreifen. Er hatte sein Vorgehen mit Franz I. von Frankreich, dem Rivalen Karls V. in Mitteleuropa, abgesprochen: Die so genannte Allianz von Halbmond und Lilien zielte darauf, Habsburg von zwei Seiten zu attackieren. Der Angriff Franz' I. erfolgte 1526 in Italien; der dadurch ausgelöste Krieg sollte bis 1529 – dem Jahr der Wiener Türkenbelagerung – dauern. Der Angriff Süleymans gegen Habsburg vollzog sich zeitgleich in Ungarn. Durch Heirat war Habsburg mit dem ungarischen Königshaus verbunden. Doch dieses Königtum war schwach, die Niederlage schließlich unabwendbar. Bei der Schlacht von Mohács starb zudem der ungarische Monarch.

Doch trotz des Sieges musste sich Süleyman zurückziehen, da er unerwartet im Osten bedroht wurde. Er hinterließ ein Machtvakuum, das zu schweren innerungarischen Zerwürfnissen führte. In bürgerkriegsähnlichen Auseinandersetzungen reklamierten zwei Kandidaten den ungarischen Thron für sich: Auf der einen Seite stand Johann Zápolya, der Woiwode von Siebenbürgen. Er hatte sich die Unterstützung Süleymans gesichert, indem er sich bereit erklärte, Ungarn in einen tributpflichtigen Vasallenstaat des Osmanischen Reiches zu verwandeln. Sein Gegenspieler war Ferdinand I., der Erzherzog von Österreich.

Im Oktober 1526 gelang es Johann Zápolya, sich in Stuhlweißenburg, dem traditionellen Krönungsort der ungarischen Herrscher, zum König über Ungarn einsetzen zu lassen. Ferdinand I. führte daraufhin

Karl V.

Karl V. wurde als ältester Sohn von Philipp I. dem Schönen und Johanna der Wahnsinnigen von Kastilien am 24. Februar 1500 in Gent geboren. Von seinem Vater erbte er 1506 die nördlichen Teile des ehemaligen Herzogtums Burgund; nach dem Tod seines Großvaters Ferdinand 1516 wurde er König von Kastilien, Aragonien, Navarra, Granada, Neapel, Sizilien, Sardinien und Herrscher über die spanischen Kolonien in Amerika. Als 1519 sein Großvater Maximilian I. starb, erbte Karl auch die Habsburgischen Lande in Deutschland. Bereits in jungen Jahren war er damit Herrscher über ein gewaltiges Reich. Seine Regierungszeit war außenpolitisch durch Kriege mit Frankreich und dem Osmanischen Reich und innenpolitisch durch die Auseinandersetzungen um die Reformation geprägt.

einen Feldzug gegen Zápolya, vertrieb ihn aus Buda und ließ sich am
3. November in derselben Kirche wie zuvor Zápolya zum ungarischen
König krönen. Es war nur eine Frage der Zeit, bis Süleyman auf diese
offene Provokation und Infragestellung seiner Macht reagieren würde.[11] Gesandtschaften der Habsburger vermochten den Sultan nicht
zu besänftigen: Als Johann Zápolya Süleyman um Hilfe bat, wurde
der Krieg unausweichlich. Im Mai 1529 brach Süleyman darum mit
seinem gewaltigen Heer aus Istanbul zu einem Feldzug auf, der in erster Linie als Strafexpedition gegen Ferdinand gesehen werden muss
und dessen wichtigstes Ziel die Wiederherstellung der Herrschaft über
Ungarn war. Da Karl V. sich noch immer im Krieg mit Frankreich
befand, musste Ferdinand weitgehend ohne die Hilfe seines Bruders
auskommen – eine annähernd hoffnungslose Situation.

Die Reichshilfe

Augenzeugenberichte der Wiener Türkenbelagerung sind spärlich. Die
wichtigste Quelle ist die Chronik des Peter Stern von Labach, des österreichischen Kriegssekretärs. Zwar existieren noch weitere zeitgenössische Darstellungen, doch zumeist sind sie im Umfang recht knapp;

Als gewählter, aber noch nicht vom Papst gekrönter Kaiser des
Heiligen Römischen Reiches lud Karl 1521 Martin Luther unter Ge-
währung freien Geleits vor den Reichstag zu Worms. Dort wurde
der Reformator in Reichsacht gelegt. Aufgrund seiner Auseinandersetzungen mit dem französischen König Franz I. und wegen der Bedrohung durch die Expansionsbestrebungen des Osmanischen Reiches gelang es Karl aber nicht, entschieden gegen die Reformation
vorzugehen. Angesichts der »Türkengefahr« sah er sich gezwungen,
1532 den Nürnberger Religionsfrieden abzuschließen.

Mit der Eröffnung des Konzils von Trient 1545 leitete Karl V. die
Gegenreformation ein. Zehn Jahre später musste er nach mehreren
militärischen Niederlagen gegen die protestantischen Reichsstände
den Augsburger Reichs- und Religionsfrieden anerkennen. Ein Jahr
später dankte Karl ab und teilte seinen weitläufigen Besitz auf. Sein
Sohn Philipp II. erhielt Spanien und Burgund, sein Bruder Ferdinand I.
wurde sein Nachfolger im Heiligen Römischen Reich.

In der Schlacht bei Mohács am 29. August 1529 wird Ungarn von einem osmanischen Heer vernichtend geschlagen.

einige decken sich über weite Passagen bis ins Wort mit dem Bericht Peter Sterns, sodass die Vermutung nahe liegt, es habe ein enger Austausch zwischen den verschiedenen Chronisten der Belagerung stattgefunden.[12] Ob es einen direkten Auftrag Ferdinands für das Werk Peter Sterns gab, ist nicht zu belegen, angesichts seiner Stellung als königlicher Kriegssekretär erscheint es aber sehr wahrscheinlich. Insofern ist seine Darstellung nicht als reiner und unverfälschter Augenzeugenbericht zu betrachten. Trotz der Zusicherung, alles in seinem Bericht sei genau so »in der Stadt gesehen und erinnert worden«, spiegelt sein Bericht die Perspektive der Habsburger wider, was bereits in der Darstellung der Vorgeschichte, die viele Elemente des späteren Mythos vorwegnimmt, ersichtlich wird:

Anfänglich, als man zählt nach Christi unseres Heilmachers Geburt das tausend fünfhundert und neunundzwanzigste Jahr, hat sich der grausame Tyrann und Erbfeind des christlichen Glaubens, türkischer Kaiser Sultan Süleyman genannt, zu Konstantinopel mit all seiner Rüstung und Kriegsvolk, zu Ross und Fuß gerüstet und zubereitet, mit dreihundert Büchsen auf Rädern und zweiundzwanzig tausend Kameltier, darauf er Mehl, Futter; und hernach geführt, des Fürnehmens

und Willens die Christenheit und zuvor Deutschland zu bezwingen und ihm
untertänig zu machen.[13]

Von Anfang an ist damit deutlich, dass es sich nicht um eine normale
kriegerische Auseinandersetzung zwischen zwei rivalisierenden Parteien handelt, sondern um einen Weltanschauungskrieg: Der »Erbfeind des christlichen Glaubens« hatte sich auf den Weg gemacht, um
»Deutschland« zu bezwingen. Aber was war dieses Deutschland? Und
was hatte die Verteidigung Wiens mit ihm zu tun? Das Deutschland, auf
das Peter Stern anspielt, war in dieser Zeit kein einheitliches Gebilde.
Es stellte das Kerngebiet des »Heiligen Römischen Reiches Deutscher
Nation« dar, dessen Kaiser Karl V. war; eine starke Zentralgewalt gab
es jedoch nicht. Über die Angelegenheiten des Reiches entschieden die
Kurfürsten, Fürsten, Grafen und die Reichs- und Freien Städte auf den
gemeinsamen Reichstagen.

Von April 1529 an eilte Ferdinand von Habsburg deshalb von Reichstag zu Reichstag, um Gelder und Soldaten für die Verteidigung Wiens
einzuwerben. Hierfür war es unbedingt nötig, die Türkenabwehr als
etwas darzustellen, das das gesamte Reich anging. Die Darstellung Peter
Sterns entsprach also vollkommen der Argumentation, derer Ferdinand
sich bediente. Erfolg hatte Ferdinand jedoch nicht. Deutschland war
über die Reformation zerstritten. Einige deutsche Fürsten bekannten sich
offen zum Protestantismus – sie hatten kein Interesse an der Aufstellung
von Reichstruppen, weil sie befürchteten, diese würden nicht gegen die
Türken, sondern gegen die Protestanten zu Felde ziehen.

Ebenso wenig, wie ein geeintes Deutschland existierte, das sich geschlossen gegen die Türken hätte verteidigen können, gab es also ein
geeintes Christentum – auch wenn Ferdinand in seinen verzweifelten
Bemühungen, Hilfe zu organisieren, diesen Eindruck zu erwecken versuchte. Das Einzige, was Ferdinand im August schließlich erreichte,
war die Bereitstellung eines relativ kleinen Kontingents von Landsknechten für die Dauer von drei Monaten. Ob die Soldaten jedoch
rechtzeitig, also vor dem Eintreffen des osmanischen Heeres, in Wien
ankommen würden, war mehr als ungewiss.[14]

Der Anmarsch des osmanischen Heeres

Darstellungen des Feldzuges aus osmanischer Sicht sind spärlich, seltener noch als Berichte aus Wien. Nur eine einzige Schilderung kann

für sich in Anspruch nehmen, ein Augenzeugenbericht zu sein. Doch diese Darstellung existiert lediglich in der späteren Abschrift des osmanischen Chronisten Ahmed Feridun, die sich heute in der Österreichischen Nationalbibliothek in Wien unter dem Titel *Sulaiman des Gesetzgebers Tagebuch auf seinem Feldzuge nach Wien* findet.[15] Doch aller Wahrscheinlichkeit nach war nicht Süleyman selbst der Verfasser, sondern ein ungenannter Sekretär aus seiner engsten Umgebung.

Besonders eindrucksvoll ist die Beschreibung des Anmarsches. Am 10. Mai 1529 war das osmanische Heer in Istanbul aufgebrochen. Schon am Folgetag vermerkt der Sekretär, es sei so kalt und habe so stark geregnet, »dass man nicht schreiben konnte«. Einen weiteren Tag später notierte er, »viele Menschen seien vor Kälte erfroren und starben«.

Ein besonderes Problem stellte die Überquerung der Flüsse dar. Kanalisierte Flussläufe, so wie sie heute vorherrschen, gab es damals noch nicht. Die Ufergebiete waren nicht trockengelegt, dadurch bestanden die Flusslandschaften aus einer Ansammlung von Sümpfen. Wegen der unaufhörlichen Regengüsse hatten sich in diesem Jahr die gesamten umliegenden Gebiete in unpassierbaren Morast verwandelt. Doch das osmanische Heer musste, schon um der Orientierung willen, den Flüssen folgen. Nach einem Monat war das Heer gerade bis Plovdiv in Mazedonien gekommen, wo es den Fluss Mariza überwinden musste. Der Sekretär Süleymans notierte in seinem Tagebuch:

Es regnete so stark, dass die Mariza ganz austrat und die zwei Brückenköpfe wegnahm, so dass niemand über sie passieren konnte. Viele Leute ertranken im Fluss, einige Pferde und Kamele nahm das Wasser weg und brachte sie um. Einige Menschen stiegen auf die Bäume und verhielten sich da zwei Tage und zwei Nächte.[16]

Ein weiteres Problem des osmanischen Heeres stellte die Verpflegung dar. Große Bestände an Lebensmitteln wurden nicht mitgeführt. Das Heer war darauf angewiesen, sich aus dem jeweiligen Umland zu versorgen. In diesem Sommer jedoch hatte der Regen einen großen Teil der Ernte vernichtet. Die Bauern in den Gegenden, durch die die Soldaten zogen, hatten für die eigene Versorgung kaum genug und waren nur widerwillig bereit, ihre spärlichen Vorräte zu verkaufen. Der Preis für Getreide stieg deshalb auf das 20- bis 30fache des Üblichen. Mehrmals vermerkt der Bericht die »große Not«, die im osmanischen Heer geherrscht habe. Wurde zu Beginn des Feldzuges einem Soldaten noch der Kopf abgeschlagen, wenn er seinem Pferd gestattet hatte, in einem

Getreidefeld zu weiden, so erging ab August der Befehl, »man solle alle Lebensmittel von den Ungläubigen holen, aber die Dörfer nicht plündern oder anzünden, auch niemanden gefangen nehmen«.[17]

Die Größe des osmanischen Heeres dürfte bei ungefähr 150000 Mann gelegen haben – dies geht zumindest aus den türkischen Unterlagen über den Feldzug hervor –, wobei hiervon allerdings zwei Drittel nicht der kämpfenden Truppe, sondern den rückwärtigen Diensten, also Heeresverpflegung und Transportsicherung, zugehörig waren. Bedenkt man diese gewaltige Dimension, dann muss der Anmarsch der osmanischen Armee trotz aller Schwierigkeiten als logistische Meisterleistung angesehen werden. Langsam, doch unaufhörlich näherte sich das Heer der Stadt Wien, die nun eilig und notdürftig in Verteidigungszustand versetzt wurde.

Wien bereitet sich vor

Die Stimmung in Wien war den ganzen Sommer über von großer Angst geprägt. Die Verteidigungsanlagen waren in denkbar schlechtem Zustand. Die knapp 5 Kilometer lange Ringmauer war durchschnittlich 6 Meter hoch und 1 bis 2 Meter breit. Einen Graben gab es zwar, dieser wurde jedoch seit Generationen als Mülldeponie genutzt, sodass er nur noch an wenigen Stellen seine vorgesehene Tiefe hatte und leicht zu überwinden war. Als die ersten Berichte vom Anmarsch des osmanischen Heeres Wien Ende Mai erreichten, bestimmte Ferdinand deshalb eine Kommission zur Besichtigung der Verteidigungsanlagen.

Am 13. August berichtete diese, dass die Gräben und Wälle, die Mauern und Basteien »übel versehen und verfallen« seien; in der Kürze der Zeit wäre es allenfalls möglich, sie notdürftig instand zu setzen. Zudem könnten selbst die wenigen vorhandenen Verteidigungsanlagen mit der waffenfähigen Bürgerschaft Wiens nur zu einem Sechstel besetzt werden. Ohne die Anmietung »fremden Kriegsvolks« sei die Stadt nicht zu halten. Mindestens 10000 Landsknechte würden als Verstärkung benötigt. Sollten diese nicht eintreffen, bevor das osmanische Heer die österreichische Grenze passierte, empfahl die Kommission sogar, Wien aufzugeben, um sich nicht »umsonst und vorsätzlich in Lebensgefahr zu begeben«. Das Beste wäre es in diesem Fall, die Stadt anzuzünden, damit Proviant und Geschütze nicht in die Hände der Feinde fielen und diese in Wien überwintern könnten, sondern zum Abzug gezwungen wären.[18]

Dem Vorschlag, die Stadt aufzugeben, erteilte Ferdinand allerdings eine deutliche Absage. Von nun an sollten alle Kräfte auf die Verteidigung Wiens konzentriert werden. Die Bevölkerung in ganz Niederösterreich wurde angewiesen, Holz aus den Wäldern zu holen und für den Ausbau der Verteidigungsanlagen bereitzustellen; in den besonders gefährdeten Gebieten wurde zudem eine Sondersteuer erhoben, mit deren Hilfe die Verteidigung finanziert werden sollte.

Als Oberbefehlshaber für die Belagerung bestimmte Ferdinand den bereits 70-jährigen Niklas Graf Salm. Salm hatte in vielen Kriegen gekämpft und auch Erfahrung in der »Türkenabwehr«. Unter seiner Leitung fasste der Wiener Kriegsrat den Entschluss, die Wien umgebenden Ortschaften aufzugeben und sich bei der Verteidigung ganz auf die innere Stadt zu konzentrieren, da die Kräfte für mehr nicht ausreichen. Sobald das osmanische Heer sich der Stadt näherte, sollten die Vorstädte vollständig zerstört werden, um es dem Gegner unmöglich zu machen, sich in den Häusern zu verschanzen und um den eigenen Kanonen ein freies Schussfeld zu schaffen.[19]

Das osmanische Heer in Ungarn

Während Wien sich auf die Belagerung vorbereitete, erreichte das osmanische Heer nach fast viermonatigem Anmarsch schließlich die Ebene von Mohács, wo drei Jahre zuvor die ungarische Armee besiegt worden war. Johann Zápolya war Süleyman bis hierhin entgegengezogen und huldigte ihm nun. Wenige Tage später ließ Süleyman Johann Zápolya erneut zum König krönen. Dann zog das Heer weiter – zunächst Richtung Ofen. Sechs Tage dauerte die Belagerung der ungarischen Festung, dann ergab sich die etwa 2000 Mann zählende Besatzung gegen die Zusicherung freien Geleits.

Nach dem langen Marsch war die osmanische Armee jedoch in einer desolaten Verfassung. Im osmanischen Lager kam es zu einer regelrechten Meuterei, die der Sekretär Süleymans folgendermaßen beschreibt: »Die Janitscharen verlangen ihr Geschenk und sprechen deshalb vor dem Pascha viele unvernünftige Worte. Sie verwunden das Haupt eines Anführers und bewerfen mit Steinen einen der anwesenden Großen.« Unter Missachtung des üblichen Kriegsrechts und des gegebenen Versprechens gegenüber den Verteidigern Ofens kam es am folgenden Tag zu einem Massaker:

Als die Ungläubigen, denen man Gnade hatte zu Teil werden lassen, aus der Festung kamen und nach dem deutschen Gebiete gehen wollten, wurden sie von einigen Leuten aus dem Heere in den Weinbergen eingeholt; diese ließen den größeren Teil derselben über die Klinge springen.[20]

Wer nicht sofort getötet wurde oder entkam, endete in der Sklaverei. Die Belagerung von Ofen war sowohl für die osmanische Seite als auch für die Wiener ein entscheidender Wendepunkt. Mit der erneuten Einnahme Ungarns hatte Süleyman sein wichtigstes Kriegsziel, die Wiedereinsetzung Johann Zápolyas zum ungarischen König und damit die Sicherung seiner territorialen Interessen, erreicht. Der lange Anmarsch hatte aber den Zeitplan vollkommen durcheinander gebracht. Warum Süleyman sich dennoch dazu entschloss, das Risiko einzugehen und auf Wien zu marschieren, gibt bis heute Rätsel auf. Vermutlich ahnte er, dass die politische Situation für ihn nie wieder so günstig sein würde wie in diesem Jahr 1529. Am 15. September brach das Heer von Ofen nach Wien auf.

Die Wiener hatten die Vorgänge in Ungarn derweil mit großer Nervosität beobachtet. Während der Belagerung von Ofen konnten sie noch hoffen, verschont zu werden; von dem Moment an, als das osmanische Heer sich Richtung Westen in Marsch setzte, war eindeutig Wien das Ziel des Angriffs. Viel zu spät begann nun die Zerstörung der Vorstädte; viel zu spät wurden die Bewohner Niederösterreichs vor dem Anmarsch des osmanischen Heeres gewarnt. Das Massaker bei der Übergabe der Festung Ofen wirkte zudem wie ein Vorzeichen dessen, was auch Wien bevorstand. Vielen Historikern gilt dieser eklatante Bruch des damals üblichen Kriegsrechtes sogar als »maßgeblicher Grund für die kompromisslose Standhaftigkeit der Verteidiger Wiens«.[21]

Massenflucht aus Wien

Von Standhaftigkeit konnte zunächst allerdings keine Rede sein. Was nun, kurz vor dem Eintreffen des osmanischen Heeres, einsetzte, war eine Massenflucht in gleich zweifacher Hinsicht. Während die ärmeren Bewohner der Vorstädte und der umliegenden Dörfer Schutz hinter den Mauern der Stadt suchten, floh ein Großteil der Stadtbevölkerung

Richtung Westen. Wie viele Wiener es genau waren, die die Stadt verließen, ist nicht zu beziffern. In den zeitgenössischen Berichten ist die Rede davon, dass lediglich 400 waffenfähige Bürger in der Stadt verblieben. Selbst ein Großteil des Stadtrates flüchtete. Peter Stern beschreibt:

Am 17. Tag Septembris ist also geschehen die Flucht von Weib und Kindern, auch namhaften Bürgern und Wohlhabenden, die in gemeiner Stadt Ämtern und Ratsfreund gewesen, und sind also nicht mehr als drei Ratsherren, samt Bürgermeister und Richter in der Stadt Wien geblieben.[22]

In der Tat schien die Situation aussichtslos. Erst ein Teil der von Ferdinand eingeworbenen Reichstruppen hatte die Stadt bisher erreicht. Das Gerücht, Wien würde angesichts der feindlichen Übermacht am Ende doch aufgegeben werden, ging um und war neben den Berichten aus Ofen wohl der Hauptgrund für die Flucht der Einwohner. Erst im letzten Moment, kurz bevor der Belagerungsring der Osmanen geschlossen wurde, erreichte das letzte Kontingent Reichstruppen, etwa 5000 Mann, die Stadt. Einschließlich der 400 waffenfähigen Bürger

Zur Verteidigung Wiens waren knapp 20 000 Landsknechte angemietet worden. Mit ihrer farbenprächtigen und verschwenderischen Kleidung drückten die Landsknechte ihre Verachtung gesellschaftlicher Schranken aus. Das provozierendste Kleidungsstück war die Schamkapsel als Nachbildung des erigierten Penis und als Symbol jederzeitiger Potenz.

bestand die Verteidigungsmannschaft nunmehr aus 17 000 Mann zu Fuß sowie rund 1 400 schweren und 1 200 leichten Reitern.

In Wien hielten sich damit mehr Soldaten als Einwohner auf – eine mehr als schwierige Konstellation. Die rauen Landsknechte bewegten sich außerhalb jeder gesellschaftlichen Hierarchie. Schon mit ihrer Kleidung drückten sie ihre Verachtung der bürgerlichen Moralvorstellungen aus. Im Schulterbereich war derart viel Stoff verarbeitet, dass jedermann deutlich wurde: Dies waren Leute, die verschwenderisch lebten, die ihr Geld genau so schnell wieder ausgaben, wie sie es verdient hatten. Im Gegensatz zu den überbetont breiten Schultern standen die eng anliegenden Beinkleider, deren provozierender Effekt durch die so genannte Schamkapsel auf die Spitze getrieben wurde. Die Schamkapsel bestand aus einem steifen, vorstehenden Lederhütchen als Symbol des erigierten Penis und als Zeichen jederzeitiger Potenz. Eine Schutzfunktion im eigentlichen Sinne hatte sie nicht; sie diente vielmehr als Aufbewahrungsort für wertvolle Utensilien. Manche Landsknechte nutzten sie zum Beispiel als Geldbörse.

Die Anwesenheit einer Soldateska in einer – noch dazu belagerten und deshalb emotional aufgewühlten – Stadt war zur damaligen Zeit alles andere als unkompliziert. Leider fehlen detaillierte Beschreibungen der Begegnungen zwischen Soldaten und Einwohnern. Doch auch wenn Handgreiflichkeiten oder gar Vergewaltigungen als unwahrscheinlich gelten können – dafür war die Disziplin unter den Landsknechten zu groß, sie hätten in einem solchen Fall die sofortige Hinrichtung zu befürchten gehabt –, so wird es möglicherweise doch zu sexuellen Verbindungen zwischen Bürgerstöchtern und Landsknechten gekommen sein, die zumindest auf den Widerstand der Eltern gestoßen sein dürften. Ein Leben als Frau eines Landsknechtes, die dem Heer von Schlacht zu Schlacht, von Einsatzort zu Einsatzort folgte, war eine Zukunftsaussicht, die nur die wenigsten ihren Kindern gewünscht haben dürften.

Nur in einem Punkt war die Stadt relativ gut vorbereitet: Zu Beginn der Belagerung befand sich so viel Vieh und Getreide in Wien, dass die Bevölkerung und die Soldaten einen Monat lang gut versorgt werden konnten. Wein lagerte überreichlich in den Kellern der zumeist verlassenen Bürgerhäuser – und dort wurde auch der Großteil der Landsknechte untergebracht.[23]

Die Akindschi erreichen Wien

Als Anfangspunkt der Belagerung wird zumeist der 24. September genannt. Die Kampfhandlungen begannen jedoch bereits drei Tage zuvor, als die Akindschi die Tore Wiens erreichten. Dies waren berittene Bogenschützen, die in Europa wegen ihrer Grausamkeit »Renner und Brenner« oder auch »Mordbrenner« genannt wurden. Üblicherweise waren sie dem osmanischen Haupther einige Tage voraus und fungierten damit als so etwas wie die Visitenkarte des osmanischen Heeres. Sie töteten und zerstörten alles, was ihnen in die Hände fiel. Tatenlos mussten die Einwohner Wiens mit ansehen, wie Gehöfte, die sich in Sichtweite der Stadt befanden, geplündert wurden. Sie wurden Zeugen, wie ihre Landsleute brutal getötet oder in die Sklaverei entführt wurden. Auch viele derjenigen, die zuvor aus der Stadt geflohen waren, fielen den Akindschi in die Hände. Da Wien noch nicht komplett von der Außenwelt abgeschnitten war, gelang es einigen Flüchtlingen, sich noch in die Stadt zu retten. Was sie zu erzählen hatten, floss in die Chronik Peter Sterns ein:

> Die Weiber und Kind sind den mehreren Teil in der Türken Hand gekommen, und so tyrannisch und erbärmlich mit ihnen gehandelt worden, das es nicht wohl auszusprechen und zu beschreiben ist, welcher große Jammer einem jeglichen Christenmenschen wohl zu beherzigen ist.[24]

Besonders entsetzlich sind die Beschreibungen von Köpfen, die abgeschnitten und auf Pfähle aufgespießt, und von Kindern, die »aus der Mütter Leib geschnitten« wurden.

Unter den Ereignissen der Belagerung Wiens gehören diese Grausamkeiten der Akindschi zu den umstrittensten Vorkommnissen. Während sie vielen Historikern als Beleg dafür gelten, dass »vom Sein- oder Nichtsein der Stadt Wien« das Schicksal Mitteleuropas »und der großen Kultur und Glaubensgemeinschaft des Christentums« abhing,[25] verstehen andere die Schilderung der Gräueltaten als übertreibende Propaganda des habsburgischen Herrscherhauses und der christlichen Kirche – mit dem Ziel, die Feindbilder »Türke« und »Islam« fest im Bewusstsein der Bevölkerung zu verankern.[26] Bei der Beurteilung des Vorgehens der Akindschi geht es also um nichts Geringeres als die Frage, wie berechtigt der Mythos von Wien als Europas Bollwerk gegen die türkische Gefahr ist.

Am Wahrheitsgehalt der Schilderungen von Augenzeugen wie Peter Stern bestehen keinerlei Zweifel. Osmanische Berichte bestätigen die Angaben bis in die grausamen Details. In einer zeitgenössischen osmanischen Darstellung der Wiener Belagerung heißt es über das Vorgehen der Akindschi:

> Allein seine Majestät der Sultan hatte, um Verdienste des heiligen Kampfes zu erwerben, die Renner und Brenner nach allen Seiten Deutschlands ausgesandt, sodass das ganze Land unter den Hufen der Pferde zerstampft und auch das am nördlichen Ufer der Donau gelegene Land mit Feuer durchdampft ward,

Städte und Flecken, Märkte und Dörfer, die sie ereilten in ihrem Lauf, flammten in dem Glutstrom auf. Dieses schöne Land ward von den Reitern zerwühlt und mit Rauch gefüllt. Aschenhügel waren die Reste der Häuser und Paläste. Das siegreiche Heer schleppte die Bewohner, große und kleine, vornehme und gemeine, Männer und Weiber gefangen hinweg. Von Gütern wurden bewegliche und unbewegliche, von Menschen und Vieh redende und stumme, vernünftige und dumme gebrochen und zerstochen, und alles musste über die Klingen der Säbel springen.[27]

Grausamkeit war aber keineswegs nur ein Charakteristikum der osmanischen Kriegführung. Besonders bei der Belagerung und anschließenden Plünderung von Städten kam es auch im christlichen Europa immer wieder zu schwersten Übergriffen gegenüber der Bevölkerung, zu Kindstötungen und Vergewaltigungen, wie etwa das Beispiel der Zerstörung Magdeburgs im Dreißigjährigen Krieg deutlich macht.[28]

Die Akindschi waren zudem ein so genannter irregulärer Verband der osmanischen Armee. Im Gegensatz zur Mehrheit der Soldaten erhielten sie keinen Sold. Es waren zinspflichtige Bauern, die von Raub, Plünderung und Sklavenverkauf lebten. Da sie dabei das gesamte Umland verwüsteten, oftmals die Ernte vernichteten und die Vorräte verbrannten, wirkte sich ihr Treiben auch für das osmanische Heer negativ aus. Die Preise für Getreide wurden meist derart in die Höhe getrieben, dass die Kosten des Feldzuges ins Unermessliche stiegen. Manche Historiker gehen davon aus, die Aufgabe der Akindschi habe darin bestanden, Angst und Schrecken zu verbreiten, um die Gegner zur Kapitulation zu bewegen. Die Akindschi wären damit doch Teil der osmanischen Kriegstaktik; doch dies muss zumindest angesichts der Wirkung infrage gestellt werden. Oft führte gerade die Angst, die durch die bestialische Grausamkeit hervorgerufen wurde, zu einer Stärkung des Widerstandswillens.

Auf christlicher Seite wurden die Gräueltaten der Akindschi benutzt, um ein Feindbild zu konstruieren, das nicht nur die »Mordbrenner«, sondern die Türken in ihrer Gesamtheit betraf. So genannte Türkendrucke verbreiteten die Nachrichten von den Grausamkeiten in ganz Europa. Die bestialische Tötung schwangerer Frauen und das Herausschneiden der Kinder aus dem Mutterleib wurden kurzerhand zum sozusagen üblichen Verhalten der Türken erklärt: Die Türken seien grausam, blutrünstig, unmenschlich; sie badeten im Blut der Christen; sie entweihten Kirchen, zündeten Dörfer an und verschleppten Menschen in die Sklaverei. Mit dem Bild des »Bluthundes« war eine Allegorie gefunden, die sich über die Jahrhunderte manifestierte und half, das negative Klischee des Türken weiterzutragen.[29]

Mehrere Beweggründe sind für die Konstruktion dieses Feindbildes anzuführen. Zum einen ging es darum, die Bevölkerung in konkreten Bedrohungssituationen wie der Belagerung Wiens zu mobilisieren und zu besonderen Anstrengungen zu stimulieren; auch die Akzeptanz von Sondersteuern zur Verteidigung sollte erhöht werden. Zum anderen hatten die Habsburger nicht nur während der Belagerung Wiens, sondern auch in der Folgezeit enorme Schwierigkeiten, die notwendigen Mittel und Truppen zur Abwehr der Türken von den Reichstagen bewilligt zu bekommen. Das Feindbild diente dazu, das Osmanische Reich nicht nur als eine Bedrohung für Habsburg, sondern für die gesamte christliche Welt darzustellen.[30]

Über diese beiden konkreten Gründe hinaus war das Feindbild Teil einer sehr viel grundsätzlicheren Auseinandersetzung. Denn auf die unteren Schichten in Europa, besonders auf die Bauern, übte das Osmanische Reich eine ungeheure Anziehungskraft aus. Die hoffnungslose Situation der Bauern, ihre oft übermäßige Besteuerung, führte zu Beginn des 16. Jahrhunderts dazu, dass viele von ihnen ins Osmanische Reich abwanderten. Dort mussten sie keine Fronarbeit leisten, die Steuern waren klar definiert und sozialer Aufstieg war innerhalb dieser Gesellschaft, anders als in der christlich-europäischen, möglich.[31] Ein Beispiel für die soziale Mobilität waren die Janitscharen, ein weiterer Verband des osmanischen Heeres, der in der christlichen Wahrnehmung ebenfalls in besonderem Maße angstbesetzt war.

Die Faszination der Janitscharen

Die Janitscharen bildeten den Kern des osmanischen Heeres. Sie waren der bestausgebildete und disziplinierteste Verband innerhalb der Armee und ihren europäischen Gegnern in Bezug auf Waffentechnik und Geschlossenheit weit überlegen. Schockierend für das christliche Europa war jedoch vor allem die Tatsache, dass es sich bei den Janitscharen um ehemalige Christen handelte, die als 12- bis 18-jährige »Knaben« einer Tributzahlung gleich ihrer angestammten Umgebung in den Dörfern des Balkan entrissen und zu loyalen Dienern des Sultans erzogen worden waren – und nun als kämpfende Sklaven in den heiligen Krieg gegen ihre ehemaligen Glaubensgenossen zogen. Soweit die äußeren

Tatsachen – doch wie bei den Akindschi gibt es auch hinsichtlich der Janitscharen zwei vollkommen unterschiedliche Bewertungen, die nur schwer miteinander in Einklang zu bringen sind.

In der einen Blickweise steht der Vorgang des Kinderraubes mit all seiner Brutalität im Zentrum der Bewertung. Ihre berühmteste Ausformung hat sie in dem Buch *Die Brücke über die Drina* des jugoslawischen Literaturnobelpreisträgers Ivo Andrić erhalten. Andrić bezeichnet die Rekrutierung der Jungen als »Blutzoll« und beschreibt die Osmanen als »hart« und »unbarmherzig«. Den Abschied der Jungen aus ihren Heimatdörfern schildert er als herzzerreißende Szene:

Ohne Mühe hatte man die notwendige Anzahl gesunder, frischer, stattlicher männlicher Kinder im Alter zwischen dem zehnten und dem fünfzehnten Lebensjahr gefunden, wenn auch viele Eltern die Kinder im Wald verbargen, sie lehrten, sich hinkend zu verstellen, oder sie in Lumpen kleideten und im Schmutz verkommen ließen, nur um der Wahl zu entgehen. Einige hatten sogar dem eigenen Kind einen Finger abgeschnitten und es so verstümmelt. Die ausgewählten Jungen wurden auf kleinen bosnischen Pferden in langem Zuge weitergeschafft. Am Pferd hingen zwei geflochtene Körbe, wie für Obst, auf jeder Seite einer, und in jeden Korb wurde ein Junge gesetzt und mit ihm sein kleines Bündel und ein Fleischkuchen, das letzte, was er aus seinem Vaterhause mitnahm. Besonders hartnäckig und nicht aufzuhalten waren die Mütter. Sie hasteten, ohne darauf zu achten, wohin sie traten oder wo sie standen, mit entblößten Brüsten, zerzaust, alles um sich vergessend und weinten und klagten wie um einen Toten, andere schrieen und jammerten, als zerschnitten Geburtswehen ihren Schoß, und blind vor Tränen, liefen sie geradewegs in die Peitschen der Reiter hinein.[32]

Diesem schockierenden Bild des Kinderraubes setzen stärker der osmanischen Perspektive verhaftete Historiker die großen Chancen entgegen, die sich den geraubten Kindern durch eine Ausbildung am Sultanshof eröffneten. Viele Jugendliche hätten diese Chance gerne wahrgenommen; viele Eltern hätten ihre Kinder deshalb bereitwillig in die Fremde ziehen lassen.

Betrachtet man die historischen Quellen, dann müssen beide Positionen als berechtigt anerkannt werden. Es gibt historische Belege, die die Darstellung von Andrić bis ins Detail bestätigen. Sie verzeichnen Beispiele, wie Eltern ihre Kinder versteckten oder gar absichtlich verstümmelten, damit sie dem Blick der rekrutierenden osmanischen Offiziere entgingen; selbst Aufstände ganzer Dörfer und Städte gegen die »Knabenlese« sind dokumentiert.[33] Doch es gibt auch gegensätzliche Schilderungen, aus denen deutlich wird, dass Eltern ihre Kinder den

Offizieren anvertrauten, damit sie dem Elend in ihren Heimatdörfern entkamen.[34] Oft waren wohl auch die jungen Männer – in ihrer Mehrzahl bereits in der Pubertät oder kurz darüber hinaus – froh darüber, ausgewählt zu werden, denn eine Ausbildung am Sultanshof war mit gesellschaftlichem Aufstieg verbunden. Dort wetteiferten sie mit den Söhnen von Wesiren und hohen Beamten. Unzweifelhaft ist die große Loyalität der Janitscharen. Über Jahrhunderte galten sie als Elitetruppe des osmanischen Heeres. Auf ihnen vor allem ruhten die Hoffnungen Sultan Süleymans, die Belagerung Wiens siegreich zu beenden.

Die Belagerung beginnt

Mit dem Eintreffen des osmanischen Hauptheeres am 24. September begann die Belagerung Wiens. Betrachtet man die historischen Quellen, etwa die Chronik Peter Sterns oder den Bericht von Süleymans Sekretär, dann gewinnt man nicht den Eindruck einer systematischen Kriegführung. Eine klare Ereigniskette gibt es nicht; ein eindeutiger Handlungsstrang ist nicht erkennbar. An vielen Stellen wurde gleich-

Die türkischen Bögen

Die charakteristische Kampfwaffe der osmanischen Kavallerie, aber auch vieler Einheiten zu Fuß, war ein kurzer Reiterbogen, den die Osmanen in unübertrefflicher Meisterschaft beherrschten. Ihre Pfeile trafen über eine Entfernung von mehreren Hundert Metern sicher ins Ziel. Ein guter Bogenschütze konnte in einer Minute 20 bis 30 Pfeile hintereinander abschießen.

Am stärksten beeindruckte die Europäer jedoch, dass die Osmanen in der Lage waren, vom galoppierenden

Türkischer Bogenschütze

zeitig gekämpft. Nahezu täglich wurde in Wien Alarm ausgelöst. Für fast jeden Tag verzeichnen die Chroniken Ausfälle der Wiener und Angriffe der Osmanen. Es ist geradezu unmöglich einzuschätzen, ob es sich bei diesen einzelnen Attacken um kleinere Scharmützel oder Gefechte von größerer Bedeutung handelte. Viele Ausfälle der beiden Kriegsparteien dienten zudem ausschließlich dazu, den Gegner über die jeweiligen Absichten zu täuschen – und diese Täuschung setzt sich fort bis in die Berichte der Historiker.

Auch wenn jede Darstellung, die folgende eingeschlossen, aus Gründen der Lesbarkeit einen möglichst klaren Handlungsstrang anbieten muss, so sollte dabei stets mitbedacht werden, dass die Belagerung Wiens durch eine unübersichtliche Fülle und Abfolge weitgehend gleichzeitiger Ereignisse gekennzeichnet war und dass ein wesentliches Element der Einkesselung darin bestand, den Gegner zu zermürben.

Bereits der Aufmarsch, die Art und Weise, wie sich das osmanische Heer um die Stadt legte, sollte beeindrucken und einschüchtern. Nicht einmal vom Turm des Stephansdoms, schreibt Peter Stern, sei das ganze Lager zu überblicken gewesen. Bedenkt man die gewaltigen Dimensionen der angerückten Armee, dann wird deutlich, dass das Zeltlager, das sich nun vor den Augen der Wiener ausbreitete, bedeutend größer

Pferd aus ihre Gegner zu treffen. Hierzu mussten die Schützen den Moment abpassen, in dem sich alle vier Hufe des Pferdes in der Luft befanden, um für einen kurzen Moment einen ruhigen Sitz zu haben. Damit die Bewegungsfreiheit des Reiters nicht eingeschränkt wurde, waren die Bögen verhältnismäßig klein. Um dennoch eine hohe Durchschlagskraft zu gewährleisten, mussten sie sehr stark gespannt werden.

Dies war nur durch ein besonderes Herstellungsverfahren möglich. An die Innenseite des vorgespannten Holzes wurde mit großer Kraft ein Bündel aus tierischen Sehnen gepresst. Auf die andere Seite des Rohlings leimte man aus Tierhörnern geschnittene Platten. Der Bogen erhielt dadurch bereits eine große Vorspannung, bevor die Sehnung aufgezogen wurde. Zum Schutz vor Nässe wurde der Bogen anschließend mit dünnem Leder ummantelt. Aufgrund der langen Trocknungszeiten dauerte die Fertigung eines guten Bogens mindestens ein Jahr.

war als die Stadt selbst. Um diesem Auftritt Nachdruck zu verleihen, ließ Süleyman mehrere Gefangene in die Stadt »und zu den Herren Kriegskommissarien schicken, mit Begehren, dass sie die Stadt williglich aufgeben« – so berichtet es Peter Stern.

So will er also einen Vertrag mit den Herren außen vor der Stadt annehmen und beschließen, auch niemanden von seinem Volk hinein lassen, und kein Schaden tun. Wo sie aber die Stadt nicht aufgeben, so will er von dannen, bis dieselbst erobert nicht weichen, und darin jung und alt zu Tode schlagen, die Stadt zu lauter Asche verbrennen und verderben.[35]

Ein solches Angebot, die Stadt zu verschonen, gehörte zur üblichen osmanischen Vorgehensweise bei einer Belagerung. In der Regel konnten sich die Eingeschlossenen auf ein derartiges Versprechen auch tatsächlich verlassen. Nach den Ereignissen von Ofen musste Süleymans Angebot jedoch völlig unglaubwürdig erscheinen. Für die

In der Belagerung von Festungen hatten die Osmanen große Erfahrung. Die Belagerung Wiens begann am 24. September und endete am 16. Oktober 1529.

Disziplin in seinem Heer konnte er nach dem monatelangen Anmarsch nicht mehr garantieren. Doch es gab auch keine Einwohnerschaft mehr, die auf das Angebot Süleymans hätte reagieren können. Die Ratsleute waren fast alle geflohen, und die anwesenden Landsknechte wurden dafür bezahlt, dass sie kämpften. Die Entscheidungen in der Stadt traf der so genannte Kriegsrat, dem die Hauptleute unter der Führung von Niklas Graf Salm angehörten – und der hatte den eindeutigen Auftrag, die Stadt zu halten. Das Angebot Süleymans blieb unbeantwortet.

Damit begann der Kampf. Von beiden Seiten war es ein Wettlauf gegen die Zeit. Die in Wien eingelagerten Lebensmittel reichten den

Berechnungen zufolge für genau einen Monat; nach Ablauf dieser Frist würde man die Stadt aufgeben müssen. Doch wie lange konnte Süleyman die Belagerung aufrechterhalten? Und die Stimmung unter den Soldaten war alles andere als gut. Süleyman benötigte einen schnellen Erfolg; die Zeit als Hauptwaffe einzusetzen, geduldig zu warten, bis die Einwohner kapitulierten – die Belagerung Belgrads im Jahre 1521 hatte zwei Monate gedauert –, diese Option stand Süleyman im Falle der Belagerung Wiens nicht zur Verfügung. Und der Zeitmangel sollte letztlich entscheidend für den osmanischen Misserfolg sein.

Erschwert wurde die Situation für die Osmanen dadurch, dass es nicht gelungen war, die schweren, mauerbrechenden Kanonen über die Sümpfe Südosteuropas nach Wien zu transportieren. Die leichten Geschütze, die einzig zur Verfügung standen, konnten zwar – wenn sie gut trafen – eine Mauerkrone beschädigen und die Wiener Verteidiger in ständiger Beschäftigung halten, eine wirkliche Gefahr für die Stadt stellten sie jedoch nicht dar. Nach wenigen Tagen verlegte sich das osmanische Heer deshalb auf den Minenkrieg. Im Schutze von Gehöften, die bei der Bereinigung der Wiener Vorstadt nicht ausreichend zerstört worden waren, begannen die Soldaten, unterirdische Gänge anzulegen und sich allmählich an die Stadt heranzugraben. Das Ziel war, unter den Wiener Verteidigungsanlagen kleine Kammern anzulegen, die, mit Schwarzpulver gefüllt und mit einer Lunte aus sicherer Distanz gezündet, die Stadtmauern zum Einsturz bringen sollten.

Während die ersten Tage der Belagerung auf osmanischer Seite mit betriebsamer Aktivität verbunden waren, blieb den Wienern nur abzuwarten. Von den Mauern waren die Eingänge zu den gegrabenen Stollen zu erkennen; dieser Art der Kriegführung hatten sie jedoch nichts entgegenzusetzen. Die daraus resultierende Untätigkeit wirkte zermürbend. Mit jedem neuen Tag wuchs die Wahrscheinlichkeit, dass die Osmanen die Stadtmauer unterirdisch erreichten. Mit jedem Tag, mit jeder Stunde steigerte sich die Spannung, wann und wo die erste Mine hochgehen würde. Peter Stern schreibt: »Obwohl die Herren Kriegskommissare und Hauptleute des Grabens wegen besorgt waren, so haben sie doch nicht können wissen, wo und an welchem Ort die Feinde graben würden.«[36]

Um dem Minenkrieg wirksam zu begegnen, verabschiedete der Kriegsrat eine Reihe von Maßnahmen. Zunächst war es wichtig, bei der Explosion einer Mine schnellstmöglich eine große Anzahl Soldaten an den betroffenen Mauerabschnitten zusammenziehen zu können, um einen Sturmangriff abzuwehren. Zu diesem Zweck wurden in der

Stadt so genannte Alarmplätze geschaffen, auf denen sich die Landsknechte bereitzuhalten hatten. Sollte ein Mauerabschnitt durch eine türkische Mine zum Einsturz gebracht werden, mussten die Landsknechte schnell in die Bresche treten, um die anstürmenden Janitscharen abzuwehren.

Zudem wurden Vorbereitungen für das Gegenminieren getroffen. Glücklicherweise befand sich unter den Verteidigern Wiens auch eine Abteilung Tiroler Bergknappen, die Erfahrung im Anlegen von Stollen hatten. Wurde eine Mine vor der Explosion entdeckt, konnten die Bergknappen zumindest versuchen, sie unschädlich zu machen. Zu diesem Zweck gruben die Bergknappen ihrerseits unterirdische Stollen. Im Idealfall konnte die Minenkammer dabei rechtzeitig angegraben und das Schwarzpulver unbemerkt entfernt werden – die Sprengung ging ins Leere. War die Zeit zum Ausräumen nicht mehr gegeben, diente der gegrabene Stollen als Luftschacht, wodurch die Sprengwirkung erheblich vermindert wurde.

Das Hauptproblem der Wiener war jedoch, die osmanischen Sprengladungen überhaupt rechtzeitig zu entdecken. Letztlich gab es dafür nur zwei Mittel: Zum einen wurden in den Kellern nahe der Stadtmauer Wachen aufgestellt, die auf Grabgeräusche achten sollten. Als Hilfe verwendeten sie Gefäße mit Wasser oder Trommeln, auf denen getrocknete Erbsen lagen. Kräuselte sich das Wasser oder begannen die Erbsen auf dem gespannten Trommelfell zu tanzen, zeigte dies an, dass in unmittelbarer Nähe gegraben wurde. Der andere Weg bestand darin, dass die Hauptleute ständig Ausfälle vorbereiteten, um die Mineure bei ihrer Arbeit zu stören. Die Chroniken der Verteidigung Wiens vermerken mehrere solcher Attacken; in der Regel endeten sie sehr verlustreich, und ihre Hauptwirkung auf den Feind war vermutlich eher psychologischer Art. Sie konnten als Signal verstanden werden, dass auch die Belagerer sich nicht allzu sicher fühlen durften. Zuweilen machten die Wiener bei diesen Ausfällen auch Gefangene, die gefoltert wurden, um ihnen Informationen über die türkischen Angriffspläne und besonders die Lage der Minen zu entlocken.

Zeitlich lässt sich der Verlauf der Belagerung relativ deutlich in zwei Phasen einteilen. Die erste Phase reichte bis zum 30. September. In dieser Zeit wurden die türkischen Bemühungen durch das Wetter massiv behindert. In der Nacht vom 27. auf den 28. September hatte Regen eingesetzt – und solange es regnete, hatten die Wiener nichts zu befürchten. Die Gräben liefen voll Wasser und behinderten die Mineure bei ihren Arbeiten; das Schwarzpulver wurde nass. Der Chronist

Süleymans vermerkt in seinem Tagebuch: »Die Nacht über regnete es sehr stark. Es war so kotig geworden, dass viele Lasttiere einige Tage hindurch weder am Tage noch in der Nacht liegen und ruhen konnten.« Zwei Tage später notiert er: »Tag und Nacht starke Kälte. Der Wind ging stark, und es regnete so, dass es nicht beschrieben werden kann.«[37]

Die zweite Phase reicht vom 1. Oktober bis zum Abbruch der Belagerung am 16. Oktober. Als der Regen am Monatsersten aufhörte, war den osmanischen Kommandanten klar, dass der Wintereinbruch nicht mehr lange auf sich warten lassen würde. Sie mussten auf einen schnellen Erfolg drängen. Zu diesem Zweck wurden die Anstrengungen im Minenkrieg deutlich verstärkt. Doch es sollte weitere acht Tage dauern, bis die ersten Minen erfolgreich gezündet werden konnten. Am 9. Oktober explodierten zwei Minen beim Kärntnertor und rissen eine so breite Bresche, dass die Türken bis zum Einbruch der Dunkelheit versuchten, in die Stadt hineinzustürmten. Doch die Wiener waren vorbereitet und konnten sie zurückdrängen.

Für beide Seiten war dieser Vorstoß mit hohen Verlusten verbunden. Nur aus einem einzigen Grund konnte die Stadt an diesem Tag überhaupt gehalten werden: Ein Gefangener hatte unter Folterqualen die ungefähre Lage der Minen preisgegeben. Im gefährdeten Mauerabschnitt waren sofort nach der Sprengung Landsknechte zur Stelle, die die Türken mit Piken und Hellebarden zurückschlugen.

Dieselbe Bresche wurde am 11. Oktober noch erweitert, konnte aber von den Wienern sogar müheloser als zwei Tage zuvor behauptet werden. Am 12. Oktober gelang es den Türken, dieses Loch wiederum zu vergrößern, und es war allen klar, dass sich die Stadt nun nicht mehr lange würde halten können. Doch auch die Angreifer waren mit ihrer Kraft am Ende. Nach drei erfolglosen Anstürmen berieten sich die osmanischen Hauptleute und einigten sich schließlich auf einen letzten Sturm am Donnerstag. Wenn es auch dann nicht gelingen sollte, Wien einzunehmen, wollte man die Belagerung abbrechen und nach Istanbul heimkehren; für diejenigen, die als erste in die Festung eindringen würden, setzte man hohe Belohnungen aus. Die Janitscharen erhielten, damit sie überhaupt noch einmal antraten, ein »Sturmgeld« von 1000 Aspern. Am nächsten Tag gaben Ausrufer diesen Beschluss überall im Lager bekannt.[38]

Doch auch der letzte Angriff war vergebens. An zwei Stellen wurden erneut Minen gezündet; an diesen beiden Stellen und an einer weiteren, wo die Mauer von einer früheren Sprengung noch beschädigt war, gingen die Osmanen zur Attacke über. Eine genaue Schilderung der Kämpfe ist aufgrund der Quellenlage unmöglich. Offenbar setzten die Verteidiger Wiens dieses Mal mit Erfolg Kanonen gegen die osmanischen Verbände ein. Als die Janitscharen merkten, dass der Kampf nicht zu gewinnen war, brachen sie den Angriff eigenmächtig ab und wandten sich zur Flucht. Das ganze osmanische Heer war demoralisiert und kampfesmüde. Noch in der Nacht vom 14. auf den 15. Oktober begann der Rückzug. Die osmanischen Soldaten verbrannten alles, was sie nicht mitnehmen konnten; alte und kranke Leute wurden kurzerhand

Das Rundbild des Nicolaus Meldemann

Die erste Belagerung Wiens durch die Osmanen vom 27. September bis zum 14. Oktober 1529 wurde in zahlreichen Gelegenheitsschriften und Bildern festgehalten. Die berühmteste und detaillierteste Darstellung ist ein farbiges Rundbild, das der Nürnberger

getötet, die anderen als Sklaven fortgeschleppt. Bis zum 18. Oktober waren alle Türken einschließlich der Nachhut abgezogen.

Das Ende der Belagerung

Schon am 15. Oktober, einem Freitag, hatte man in Wien die Belagerung durch die Türken als glücklich beendet empfunden. Um neun Uhr früh wurde im Stephansdom zum Dank für die Rettung ein feierliches Tedeum zelebriert, das vom Läuten aller Glocken und von freudigen Salutschüssen der auf den Befestigungsanlagen postierten Geschütze begleitet wurde. So ganz mochten die Wiener ihrem Glück allerdings noch nicht vertrauen. Am Tag, als der Abzug des osmanischen Heeres begann, seien, wie Peter Stern berichtet, »drey Teutsch in unser Schilt-

Buchdrucker Nicolaus Meldemann im Jahr 1530 vervielfältigen ließ.

Meldemann, zu seiner Zeit einer der geschäftstüchtigsten Buchdrucker und Briefmaler Nürnbergs, reiste vermutlich unmittelbar nach dem Abzug der Osmanen im Winter 1529/30 nach Wien, um sich dort nicht nur ein genaues Bild von der Lage in der Stadt zu machen, sondern um zudem Skizzen und Zeitzeugenberichte über die Belagerung käuflich zu erwerben. Es gelang ihm sogar, vom Nürnberger Stadtrat einen Vorschuss in Höhe von fünfzig Gulden zur Finanzierung dieses Vorhabens zu erhalten.

In Wien angekommen, konzentrierte Meldemann sein ganzes Verhandlungsgeschick auf einen Maler, der von einer Turmkammer des Stephansdoms aus das türkische Lager sowie die Ereignisse der Belagerung beobachtet und – ohne jeden Auftrag – in Form von Skizzen festgehalten hatte. Nach anfänglicher Weigerung des Künstlers, dessen Namen Meldemann konsequent verschweigt, konnte der Buchdrucker die Vorlagen kaufen.

Zurück in Nürnberg setzte Meldemann die Skizzen zu einem Rundbild zusammen, das er als Holzschnitt auf sechs Stöcken druckte. Das einzig vollständig erhaltene und kolorierte Exemplar befindet sich heute im Wien-Museum.

wach kumen/ haben fürgeben sie seind vom türcken gefangen worden/ man hat sie hinein gelassen«. Durch die große Menge türkischen Geldes, das sie bei sich trugen, erregten sie jedoch Aufsehen. Unter Folter sagten sie aus, dass sie zu den Türken übergelaufen seien; gegen die Zahlung einer hohen Belohnung hätten sie die Stadt an fünf verschiedenen Stellen anzünden sollen, um dem hinter dem Wienerberg wartenden osmanischen Heer letztlich doch noch den Sieg zu ermöglichen. Die türkischen Quellen geben keinerlei Hinweis auf einen derartigen Plan, der an die Geschichte vom trojanischen Pferd erinnert.

Das osmanische Heer war in einem so desolaten Zustand und nur noch auf Rückzug ausgerichtet, dass ein solcher Plan als unwahrscheinlich gelten kann. Höchstwahrscheinlich dienten die drei Wiener als Ventil für die Angst, doch noch einer List zum Opfer zu fallen. An den drei Gefangenen reagierte sich die ungeheure Spannung ab, die die Soldaten und Bewohner während der dreiwöchigen Belagerung zu ertragen hatten. Am 16. Oktober wurden sie auf dem Neuen Markt vor den Augen der Einwohnerschaft geviertelt; die Einzelteile wurden zur Abschreckung an zwölf verschiedenen Stellen über die Stadtmauer gehängt.[39]

Der Abzug

Für das osmanische Heer endete der Feldzug, wie er begonnen hatte. Noch immer waren die Flüsse durch die vielen Regengüsse angeschwollen, die aufgeweichten Wege beinahe unpassierbar. Allein zehn Tage brauchte der Großteil des osmanischen Heeres für die kurze Strecke bis Ofen; die Leitha, damals der Grenzfluss zwischen Österreich und Ungarn, war so stark über die Ufer getreten, dass Pferde und Transportkamele in den entstandenen Sümpfen stecken blieben. Am selben Tage hatte es zudem zu schneien begonnen. Der Sekretär Süleymans hielt fest: »Vom Morgengebet bis zum Abend schneite es in einem fort. Einige der Soldaten fanden wegen der Überschwemmung ihr Gepäck nicht wieder. Die Pferde einiger Soldaten versanken im Morast. Es war eine unbeschreiblich große Not.«[40]

Unter diesen Umständen begann die osmanische Armee praktisch auseinander zu fallen. Von einem geordneten Rückmarsch konnte keine Rede sein. Lasttiere und Versorgungswägen versanken im Schlamm. Mehrmals vermerkt Süleymans Sekretär, dass die Vorräte nicht ausge-

Am 16. Oktober 1529 begann der Abzug des osmanischen Heeres. Viele Soldaten verhungerten oder erfroren auf dem beschwerlichen Marsch nach Istanbul.

reicht hätten, allen zu essen zu geben. Anfang November notiert er sogar: »Von den armen Leuten starben einige vor Hunger.«[41] Am 10. November erreichte Süleyman Belgrad. Etwas über einen Monat später trafen er und das Gros seines Heeres in Istanbul ein: Süleymans Sekretär vermerkt nüchtern: »Am 16. Dezember zog der Padischah mit Glück und Macht vom Wiener Feldzuge wieder in Konstantinopel ein.«[42]

Wiens Hungerwinter

Den Wienern erging es nicht viel besser als dem abziehenden osmanischen Heer. Die Stadt war zwar gerettet worden, aber um einen hohen Preis: Etwa ein Drittel der Einwohner war vor oder während der Belagerung ums Leben gekommen; 900 Häuser der Vorstädte waren zerstört worden. Alle Weingärten in der Umgebung waren verwüstet; die Wiener hatten damit ihre wichtigste Einnahmequelle verloren. Der Stadt stand ein Hungerwinter bevor. Ein Reisender, der im Winter 1529 nach Wien kam, berichtet:

Am ersten Decembris bin ich gen Wien kommen, das mir gegen seine vorige Gestalt fremd anzusehen war. Alle Vorstädte, die nicht viel minder gewesen, als die eigentliche Stadt, waren geschleift und ausgebrannt, damit der Feind seine Bequemlichkeit darin nicht haben möchte. Dazu das Land umher alles durch den Feind verbrannt; und selten über eines Armbrustschusses Weite, dass man nicht einen toten Menschen, Pferd, Schwein oder Kuh liegen fand, von Wien bis in die Neustadt, und neben umher allenthalben. Es war erbärmlich zu sehen.[43]

An der Entwicklung der Einwohnerzahlen sind die Folgen der Wiener Türkenbelagerung am deutlichsten zu erkennen: Wird die Bevölkerung Wiens vor der Belagerung auf knapp 20 000 Menschen geschätzt, dürften es nach der Belagerung kaum mehr als 12 000 gewesen sein. Auch wenn bei derartigen Zahlen, die immer nur grobe Schätzungen sein können, äußerste Vorsicht geboten ist, wird deutlich, dass es Jahrzehnte dauerte, bis sich die Stadt und das Umland von der Belagerung erholt hatte. Wien hatte die Belagerung überstanden – doch »gesiegt« hatten die Wiener nicht.

Kein Sieg und keine Niederlage

Die osmanische Seite wertete den Feldzug mit dem Hinweis, die Wiedereinsetzung Johann Zápolyas als ungarischer König und die damit verbundene territoriale Sicherung Ungarns sei erreicht worden, offiziell als Erfolg. Besonders deutlich wird dies in einem Brief, den Süleyman von Belgrad aus an den Dogen von Venedig sandte:

Seine große Majestät hat dem Ferdinand Ungarn weggenommen und dem Janusch von Siebenbürgen verliehen. Wie er dem König Janusch [d.i. Johann Zápolya] die ungarische Krone aufgesetzt, zu Wien den König Ferdinand aufgesucht, weil dieser aber nach Prag entflohen, und er nicht einmal in Erfahrung bringen konnte, ob derselbe tot oder lebendig, nach zwanzig Tagen wieder nach Ofen umgekehrt sei, und den Handkuss Königs Janusch empfangen habe.[44]

Ergänzend zu dieser Selbstdarstellung Süleymans muss aber festgestellt werden, dass der Feldzug die Grenzen des osmanischen Aktionsradius deutlich aufzeigte. Militärische Operationen in Europa konnten wegen der schwierigen Verkehrswege und der ungünstigen Witterungsbedingungen nur in den Monaten Mai bis Oktober durchgeführt werden. Für eine erfolgreiche Ausdehnung des bisher eroberten Machtgebietes genügte diese Zeit schlicht nicht. Mit einem stehenden Heer in Belgrad, Ofen oder einer anderen Stadt auf dem Balkan zu überwintern und so die Einflusssphäre zu vergrößern, kam schon deswegen nicht infrage, weil Süleyman sein Heer auch zur Sicherung seines Machtbereiches im Norden, Osten und Süden benötigte. Die mit der Belagerung Wiens verbundene Vorstellung, nach dem Fall der Donaumetropole hätte die Unterwerfung ganz Europas unter osmanische Herrschaft gedroht, ist also – nüchtern betrachtet – ins Reich der Legende zu verweisen.

Vollkommen anders fällt natürlich die Bewertung aus der Sicht der Wiener aus. Dass die Verteidigung der Stadt nicht als glänzender Sieg gewertet werden konnte, dürfte allen unmittelbar Beteiligten deutlich gewesen sein. Eine Verfolgung des abziehenden Heeres unterblieb fast vollständig – und die Bedrohung, die vom Osmanischen Reich ausging, bestand noch über weitere 150 Jahre. Während dieser Zeit musste Wien jederzeit damit rechnen, erneut das Ziel eines osmanischen Feldzuges zu werden.

Im Jahre 1683 war es schließlich soweit. Ein Heer unter Führung des Großwesirs Kemal Pascha marschierte auf Wien. Diesmal dauerte die Belagerung mehr als zwei Monate. Schließlich wurde das türkische Belagerungsheer durch eine eilig zusammengerufene europäische Armee in die Flucht geschlagen. Anders als bei der ersten Einkesselung bedeutete der Sieg 1683 schließlich das Ende der osmanischen Bedrohung für Wien. Mit dieser Niederlage begann der allmähliche Rückzug des Osmanischen Reiches vom Balkan.

Wien 1529 und der »Kampf der Kulturen«

In der Zeit zwischen der ersten und der zweiten Belagerung Wiens blieb das Türkenbild der Europäer weitgehend konstant. Schriften wie die Peter Sterns trugen das klischeehafte Bild vom Osmanen als eines gnadenlosen und blutrünstigen Barbaren in die europäische Welt. Da allenfalls einige Tausend Europäer unmittelbaren Kontakt zu Türken hatten und nur wenige Geistliche, Pilger, Kaufleute oder Diplomaten das Osmanische Reich bereisten, verwundert es kaum, dass diese Vorstellung auch in den nächsten rund 150 Jahren kaum infrage gestellt wurde und stereotyp blieb.

Als Wien im Jahre 1683 wieder von den Türken belagert wurde, erreichte diese Bilderwelt einen zweiten Höhepunkt. Die Beschreibungen der Zeitzeugen der erneuten Belagerung gleichen denen der ersten bis auf wenige Nuancen. »Man hat auch vor großem Schrecken nicht schlafen können«, schildert etwa Justus Eberhard Passer, der Gesandte des Landgrafen von Hessen-Darmstadt, der sich 1683 in Wien aufhielt, den Gemütszustand der Bevölkerung:

Insbesondere, dass die Tartaren ganz zu abscheulich mit den Leuten umgegangen sind, den kleinen Kindern die Augen ausgestochen und sie im Blut liegen lassen, den Weibsleuten durch die Brüste Löcher gestochen und in die ewige Dienstbarkeit geführt haben.[45]

Die zweite Belagerung Wiens ist jedoch auch der Moment, in dem sich das europäische Bild vom Türken gleich zweimal nacheinander zu wandeln beginnt. Zunächst erkennen die Deutschen, dass das türkische Heer nicht unbesiegbar ist. Anstatt die Grausamkeit und Barbarei der türkischen Soldaten herauszustellen, betonte man von nun an ihre angebliche Feigheit. Das Bild vom Bluthund, vom Drachen oder Geier wurde ersetzt durch das des (Angst-)Hasen – ein Klischee, das als ebenso entwertend zu betrachten ist wie sein Vorgänger.

Doch dieses Bild hatte nicht lange Bestand. Mit dem Schwinden der Angst vor dem Osmanischen Reich wurde die europäische Vorstellung der türkischen Kultur zunehmend zur Mode. Von Wien ausgehend verbreitete sich der Kaffee als »Türkentrank« in ganz Europa. Überall im deutschen Reich wurden türkische Kunstgegenstände nachgeahmt. Der blutrünstige Rohling verwandelte sich in einen faszinierenden Orientalen, der in einer Welt des Luxus, der Muße und Sinneslust lebt. Die Rolle des »Erbfeindes« der Deutschen übertrug sich in dieser Zeit vom Türken auf den Franzosen. Die neue Bedrohung war das Frankreich der Bourbonen, das die deutschen Gebiete als bevorzugtes Expansionsgebiet betrachtete. Und auch bei diesen Auseinandersetzungen sollten Stereotype entstehen, die noch Jahrhunderte später wirkungsmächtig waren; wieder ging es darum, die Bevölkerung gegen einen äußeren Feind in Stellung zu bringen.[46]

Am 10. Mai 1631 erstürmte ein katholisches Heer Magdeburg, ein Bollwerk des Protestantismus, und zerstörte es fast vollständig. Im Dreißigjährigen Krieg, der zwischen 1618 und 1648 im Heiligen Römischen Reich Deutscher Nation stattfand und als der große Religionskrieg in die Geschichte eingegangen ist, war die Zerstörung der Stadt eines der markantesten Ereignisse. Magdeburg gehörte Anfang des 17. Jahrhunderts zu den größten und reichsten Städten des Reiches. Mit ihren gut 35 000 Einwohnern war sie nur wenig kleiner als die Kaiserresidenzen Wien und Prag, der mächtigen Bischofsstadt Köln und anderen großen Handelsmetropolen wie Augsburg oder Hamburg absolut ebenbürtig.

Die Stadt war gut gesichert, hatte starke Befestigungen, Bastionen und vorgelagerte Verteidigungsanlagen. Nie zuvor war eine vergleichbare Festung durch feindliche Armeen im Sturm erobert worden. Magdeburg galt gemeinhin als uneinnehmbar. Der Söldner Leonhard Wolff, der bei ihrer Unterwerfung auf katholischer Seite mitkämpfte, meinte deshalb, die Eroberung sei seinem Heer nur mit göttlichem Beistand gelungen: »Es wäre auch menschlichem Erachten nach die starke Stadt nicht also jählings und im ersten Sturm einbekommen worden, weil noch schlechte und unansehnliche Aussicht gewesen, wo nicht Gott sie wegen der übergroßen Hoffahrt und Sünde gestraft hätte.«[1]

Als das stürmende Heer die Mauern Magdeburgs doch überwand, hatte das verheerende Folgen für ihre Bewohner. Der Magdeburger Daniel Friese diktierte Jahre später seine Erinnerungen daran seinem Sohn in die Feder:

[Wir] sahen verschiedene Tote aneinander liegen, oft mussten wir in großem Gedränge über die toten Körper laufen und wegschreiten. Unter andern sahen wir auch einen Bauer [...], welcher mit heißem Wasser verbrannt war und gewaltig rauchte. Dieser lag auf der Gasse, wälzte sich und schrie erbärmlich. Ferner lag eine Magd auf der Gasse, welche Fleisch in einem Handkorbe getragen und also erschossen war; ein Hund stand dabei und fraß das Fleisch. [...] Diese Nacht, ungefähr um elf Uhr, stand die ganze Stadt Magdeburg im Feuer. Der Vater führte uns aus der Hütte, damit wir Zeit unseres Lebens davon sagen konnten.[2]

Als elfjähriger Junge war Daniel Friese gemeinsam mit seiner Familie dem Massaker entkommen. Sie zählten zu den wenigen Magdeburgern, denen dies gelang. Von den Einwohnern der Stadt und ihrer Vorstädte überlebten den Tag lediglich 5000 Menschen. 30000 Frauen und Männer, Kinder und Greise starben in einem Inferno aus mordender, schändender Soldateska und einem tobenden Flammenmeer. Auch Soldaten wie Leonhard Wolff hatten nie zuvor ein vergleichbares Morden erlebt: »[Es ist] dann an ein jämmerliches Metzeln gegangen, und unversehens [hat] die Stadt durch verstecktes Pulver Feuer gefangen [...]; es war ein Jammer, es zu sehen, auch schrecklicher als es zu Troja, glaub' ich, zugegangen ist.«[3] Am Abend lag fast die gesamte Stadt in Schutt und Asche, unter ihr waren die toten Bürger begraben. Nur den mächtigen Dom, das Kloster Unser Lieben Frauen sowie einige Häuser an Neumarkt und Fischerufer hatten die Flammen verschont. Weil seit Menschengedenken keiner bedeutenden Stadt Ähnliches widerfahren war, mussten mythische Erzählungen als Vergleich herhalten.

Der Mythos Magdeburg

Gewalt war im 17. Jahrhundert nichts Außergewöhnliches. Der Glaubenskrieg währte bereits ein Jahrzehnt. Zudem gehörte Gewalt aufgrund der hohen Kriminalität, durch Folter und Körperstrafen im Rechtssystem sowie angesichts häuslicher Aggression weit stärker zum Alltag als heute.[4] Wirklich aufsehenerregend waren die Grausamkeiten von Magdeburg aufgrund der horrenden Zahl der Opfer und wegen des Überschreitens von moralischen und juristischen Grenzen. Diese zu erkennen war jedoch nicht einfach. Denn sowohl die Erstürmung der Stadt und der Tod von kämpfenden Bürgern als auch die Plünderungen entsprachen dem geltenden Kriegsrecht. Selbst Vergewaltigungen, deren Opfer Magdeburger Frauen zu Hunderten und Tausenden geworden waren, sowie Brandschatzungen fielen noch unter

Die Plünderung von Dörfern und Städten durch marodierende Söldner bedeutete immer Drangsale für die Zivilbevölkerung. Solche Gewalt war während des Dreißigjährigen Krieges in vielen Landstrichen an der Tagesordnung.

das gerechtfertigte Vorgehen von Soldaten.[5] Erst übermäßige Gewaltanwendung, also der Tod ersichtlich Unbeteiligter, war verpönt und musste legitimiert werden.

Die Klärung der Frage, ab wann Gewaltanwendung als »übermäßig« galt, wo genau die Schwelle zwischen »guter« und »schlechter« Gewalt im Falle des Magdeburger Gemetzels lag und ob man das Überschreiten dieser Schwelle rechtfertigen konnte, wurde zum Ausgangspunkt für einen Meinungskampf, der neben dem Ausmaß der Katastrophe zur Mythologisierung der »Magdeburger Bluthochzeit« beitrug.

Der Mythos machte aus dem Geschehen in Magdeburg ein singuläres Ereignis. Die Vernichtung der Stadt war nicht nur durch die hohe Zahl der Toten und das Trauma der Überlebenden gekennzeichnet – in der Wahrnehmung der deutschen und europäischen Öffentlichkeit wurde aus ihr ein Ereignis von hoher symbolischer Bedeutung. Nur als Symbol konnte die brutale Banalität des Blutbades und des Schreckens einen Sinn gewinnen.[6]

Darüber, wie die Ereignisse von Magdeburg verstanden werden sollten, urteilte die öffentliche Meinung. Wegen der außergewöhnlichen Dimension fühlten sich zahllose Menschen betroffen. Im Kampf darum, wie die Schlacht von Magdeburg in der Öffentlichkeit wahrgenommen wurde, findet sich der wesentliche Aspekt ihrer Bedeutung. Ihn zu führen, fühlte sich die Propaganda der katholischen wie der protestantischen Seite berufen. Ob man den unmittelbar Beteiligten dabei eine gewichtige Stimme verlieh, ist eher ungewiss. Der Historiker Michael Kaiser sagt: »Es scheint fast so, als ob das Schreckliche [...] gleichsam nur aus der Distanz eines Beobachters wahrgenommen werden konnte [...].«[7]

Dem Kampf um die Meinungen auszuweichen erweist sich bis heute als schwierig, er fesselte Sieger wie Besiegte, Beteiligte wie Publikum, Zeitgenossen wie Historiker. Zum tatsächlichen Geschehen des 10. Mai 1631 vorzudringen, scheint unter diesen Voraussetzungen unmöglich. Denn die Zerstörung Magdeburgs war nicht zuletzt ein publizistisches Großereignis;[8] Quellenmaterial steht sehr zahlreich und in Form von etlichen, einander widersprechenden Berichten zur Verfügung. Mit diesem Wissen müssen auch die persönlichen Erinnerungen zur Kenntnis genommen werden, die Jahre später unter dem Eindruck des Meinungskampfes verfasst wurden.

Durchsetzen konnte sich die Deutung der Magdeburger Ereignisse als Wendepunkt im Verlauf des Dreißigjährigen Krieges. Sie wurden zu einem Symbol für die völlige Entgrenzung des Krieges, die von nun das Geschehen prägen sollte. Offenbar hatten moralische Standards im Kriegsgeschehen nach den Gewaltexzessen und der fast vollständigen Ermordung der Stadtbevölkerung jegliche Bedeutung verloren. Niemand schien mehr ernsthaft auf Ausgleich und Kompromiss hoffen zu können. Ein vielgelesenes Werk über den Dreißigjährigen Krieg bringt die Entwicklung in jener Zeit mit einem modernen Begriff auf den Punkt: es herrschte »Totaler Krieg«.[9] Die Zeitgenossen im 17. Jahrhundert erkannten in der Zerstörung Magdeburgs das Sinnbild für maßlose Verwüstung, tausendfaches Leid, Vergewaltigung, Mord und Totschlag. »Magdeburgisiren«[10] lautete das Schlagwort, das fortan den Sprachgebrauch prägen sollte, wenn man unaussprechliche Schrecken des Krieges doch in Worte fassen wollte.

Die militärische Bedeutung

Die Erstürmung Magdeburgs war aus militärstrategischer Sicht von untergeordneter Bedeutung. Es handelte sich in dieser Hinsicht nur um eine Schlacht des Dreißigjährigen Krieges, wie es zwischen 1618 und 1648 zahllose andere im Lande gab. Keine der Kriegsparteien konnte dadurch einen entscheidenden militärischen Vorteil erringen. Das katholische Heer eroberte mit Magdeburg eine protestantische Stadt, die seit einigen Monaten dem katholischen Kaiser Ferdinand II. offen ihren Gehorsam verweigert hatte. Der Sieg erwies sich jedoch unmittelbar als strategisches Desaster. Wegen seiner symbolischen Aufladung wurde das

Die Schlacht bei Breitenfeld

Die Eroberung der Stadt Magdeburg durch das katholische Heer unter dessen Führer Tilly löste ein dringendes Problem des Feldherrn nicht: die Versorgung der Truppe mit Nahrungsmitteln. Das Heer wandte sich deshalb im Sommer 1631 nach Sachsen, das vom Krieg bis dahin weitgehend verschont worden war und wo demzufolge noch reiche Vorräte zu finden waren.

Den sächsischen Kurfürsten Johann Georg, der sich bis dahin wegen der traditionellen Kaiserfreundlichkeit der Sachsen um eine neutrale Position bemüht hatte, trieb die Besetzung einiger Teile seines Landes durch das katholische Heer nun an die Seite der Schweden. Am 17. September 1631 traf ein vereinigtes Heer aus Schweden und Sachsen bei Breitenfeld unweit der Stadt Leipzig auf das Heer Tillys.

In dieser Schlacht zeigte sich die taktische Überlegenheit des Schwedenkönigs Gustav Adolf über seinen katholischen Gegner. Neuerungen in der Aufstellung des Heeres, wie zum Beispiel die

Ereignis zum Weckruf für viele protestantische Reichsstände, denen es endgültig deutlich machte, wie der Kaiser mit jenen umsprang, die sich ihm widersetzten. Sie waren nun sicher, dass der Konflikt im Reich wohl kaum auf friedlichem Weg gelöst werden konnte.

Die Erkenntnis trieb sie beinahe zwangsläufig an die Seite der protestantischen Schweden und ihres Königs Gustav Adolf. Die Skandinavier waren wenige Monate zuvor mit einem kleinen Heer auf der Ostseeinsel Usedom gelandet und zogen nun durch das Reich gen Süden, um unter dem Vorwand der Hilfe für ihre Glaubensgenossen Krieg gegen den Kaiser zu führen. Das vereinigte Heer der Schweden und Sachsen schlug im Herbst 1631 bei Breitenfeld vor den Toren Leipzigs die bislang erfolgreiche katholische Armee vernichtend. Diese Schlacht war seit 1618 der erste bedeutende Sieg, den die protestantische Seite erringen konnte. Erst sie wurde zum Ausdruck der neuen Phase, in die der Dreißigjährige Krieg auch vom militärischen Standpunkt aus eingetreten war.

Für die weitere Verhärtung der Gegensätze zwischen den religiösen Kriegsparteien spielte Magdeburg eine wichtige Rolle, entscheidend war der Vorfall im Grunde aber nicht. Die wesentliche Ursache für die

Verstärkung der Reiterei mit Musketierabteilungen für eine größere Feuerkraft, und die Überlegenheit der schwedischen Artillerie, welche die dreifache Feuergeschwindigkeit der Artillerie Tillys erreichte, entschieden die Schlacht. Obwohl die wenig kampferprobten sächsischen Regimenter bald ihren katholischen Gegnern weichen mussten, konnte das Heer insgesamt einen triumphalen Sieg erringen. Das Heer der Katholiken wurde fast vollständig aufgerieben.

Nach dieser schweren Niederlage Tillys stand den Schweden praktisch das ganze Reich offen, ein ebenbürtiger Gegner war zunächst nicht mehr vorhanden. Im folgenden Jahr konnten die Schweden deshalb weit nach Süden vordringen und die bayerische Residenz München besetzen. Der wichtigste Verbündete des Kaisers musste aus seiner Hauptstadt flüchten.

Nach dem Tod Tillys im April 1632 nahm die katholische Seite den zwei Jahre zuvor abgesetzten Feldherrn Wallenstein gezwungenermaßen noch einmal in ihren Dienst. Erst mit Wallensteins erneutem Eingreifen in den Krieg hatte die katholische Seite wieder einen Feldherrn, der es mit Gustav Adolf aufnehmen konnte.

sich verschärfende Situation lag in der Unnachgiebigkeit des Kaisers gegenüber seinen protestantischen Reichsständen in der wichtigen Frage des Restitutionsedikts. Dieses sah die Re-Katholisierung vieler protestantischer Besitztümer vor. Um darauf zu reagieren, erneuerte die protestantische Seite unter Führung des sächsischen Kurfürsten bereits einen Monat vor der Zerstörung Magdeburgs ihr Defensivbündnis gegen den Kaiser und seine Bundesgenossen. Mit dem so genannten Leipziger Manifest formulierten sie dabei eine klare Warnung an die katholische Kriegspartei.[11]

Aus der militärischen Perspektive bedeutete der Untergang der großen Handelsstadt an der Elbe also keinen entscheidenden Wendepunkt. Allerdings verknüpfen sich in ihm beispielhaft die wesentlichen Dimensionen, die den Dreißigjährigen Krieg grundlegend charakterisieren.

Politik und Religion im Dreißigjährigen Krieg

Im Dreißigjährigen Krieg trafen zahlreiche unterschiedliche Kriegsparteien mit ebenso zahlreichen unterschiedlichen Interessen, Ansichten und Kriegszielen in wechselnden Bündnissen aufeinander. Die Lage erweist sich in der Rückschau als wenig übersichtlich. Zunächst handelte es sich um einen religiös motivierten Konflikt, der in der konfessionellen Spaltung wurzelte, die die reformatorischen Thesen Martin Luthers ein Jahrhundert zuvor provoziert hatten. Die Trennung der Glaubensrichtungen schien zwar im Augsburger Religionsfrieden des Jahres 1555 in rechtlich-institutionelle Formen gegossen und damit befriedet worden zu sein, doch die Unzulänglichkeiten des Vertragswerkes führten dazu, dass die Auseinandersetzung gegen Ende des 16. Jahrhunderts wieder stärker in den Mittelpunkt des religiösen und politischen Geschehens in Deutschland rückte.

Die katholische Kirche versuchte im Zuge der Gegenreformation, den durch die Reformation verloren gegangenen Boden wiederzugewinnen. Die dem Augsburger Religionsfrieden zugrunde liegende Idee der Gleichberechtigung der Konfessionen wurde dadurch nach und nach aufgeweicht: Der Protestantismus geriet in die Defensive. Weil der Augsburger Religionsfrieden eine insgesamt unklare rechtliche Lage geschaffen hatte, kann eine alleinige Schuld am Krieg aber keiner der Parteien zugeschoben werden. An der Entwicklung hin zu einer militärischen Konfrontation waren alle beteiligt.

Dem politisch motivierten, in seinem Kern religiös aufgeladenen Konflikt gesellte sich ein zweiter, gänzlich profaner Konflikt zur Seite: die Frage, ob sich die Bildung eines modernen, zentralistisch organisierten Staates in Deutschland auf der Ebene des Reiches oder der Ebene der einzelnen Fürstentümer vollziehen würde. Im Dreißigjährigen Krieg unternahm der Kaiser letztmalig den Versuch, die schon lange vorgezeichnete Entwicklung zur Kleinstaaterei abzuwenden und die Zentralgewalt auf Kosten der Fürstenmacht zu stärken.

Während in der religiösen Auseinandersetzung sich katholischer Kaiser und katholische Fürsten auf der einen, protestantische Fürsten auf der anderen Seite gegenüberstanden, verlief die Konfliktlinie im zweiten Falle anders: Hier stand der Kaiser allein gegen die auf Autonomie bedachten Fürsten, unabhängig von deren Konfession. Diese sammelten sich unter dem Symbol der *teutschen libertet*, welche die Unabhängigkeit der Fürsten gegenüber dem Kaiser legitimierte – und unter Umständen konnte diese sogar den konfessionellen Gegensatz unter den Reichsständen zugunsten einer gemeinsamen Opposition gegen den nach Macht strebenden Kaiser überlagern. Auch Magdeburg berief sich zur Begründung des Widerstands gegen den Kaiser unter anderem auf diese *libertet*.[12] In der Überschneidung dieser beiden Konflikte liegt der wesentliche Grund für die wechselnden Bündnisse im Dreißigjährigen Krieg.

Hinzu kommt noch eine dritte bedeutsame Dimension, die deutlich wird, wenn man ganz Europa in den Blick nimmt: Der Krieg ist Teil eines Kampfes, den die kaiserliche Dynastie der Habsburger über ein Jahrhundert lang um die Vorherrschaft in Europa führte. Dieses Ringen um Macht begann lange vor 1618 und endete auch nicht mit dem Westfälischen Frieden 1648. Aus ihm erklärt sich zum Beispiel das Eingreifen Schwedens, das für Magdeburg so bedeutsam werden sollte. Indem man den Krieg den »Dreißigjährigen« nennt, wird diese europäische Dimension des Konfliktes tendenziell ausgeblendet. Man grenzt das Geschehen ein auf die Ereignisse zwischen 1618 und 1648 im Heiligen Römischen Reich. Ob es sich bei diesem Konflikt aber um ein abgrenzbares Ereignis handelt, unterliegt bereits den Deutungen der Historiker. Der Begriff »Dreißigjähriger Krieg« ist Ausdruck einer solchen Interpretation, die nach dem Westfälischen Frieden durch protestantische Geschichtsschreiber erfolgte. Dass man die europäische Dimension nicht völlig ignorieren kann, ist klar: Das Eingreifen anderer europäischer Mächte hatte entscheidende Auswirkung auf den Verlauf und die Ergebnisse des Krieges. Dennoch scheint die Abgrenzung eines 30-jährigen Kämpfens gerechtfertigt: Viele der Zeitgenossen betrachteten den Krieg so.[13]

Die militärischen Auseinandersetzungen brachen nicht von heute auf morgen aus. Die Entwicklung, in der sich die zukünftigen Kriegsparteien zunächst zu solchen formten, erfolgte über einen längeren Zeitraum. Für die religiöse Konfliktlinie war auf katholischer Seite das mit großem Prunk gefeierte Kirchenjubiläum des Jahres 1600 bedeutsam. Die Protestanten antworteten durch die Organisation von Gedenkveranstaltungen im Jahre 1617, genau hundert Jahre nach dem Thesenanschlag Luthers in Wittenberg.[14] Im politischen Bereich wurden nach und nach die Institutionen des Reiches – allen voran Reichskammergericht und Reichstag – gelähmt und büßten ihre vermittelnde Funktion ein. Sehr konkret wurde die Konfrontation mit der Gründung von militärischen Defensivbündnissen – der protestantischen Union 1608 und der katholischen Liga 1609.[15]

Angesichts dieser Entwicklungen scheint es fast verwunderlich, dass der Krieg erst 1618 ausbrach. Symbolischer Funken, an dem er sich entzündete, wurde der Prager Fenstersturz am 23. Mai 1618, bei dem böhmische Stände zwei kaiserliche Statthalter im wahrsten Sinne des Wortes zum Fenster hinauswarfen. Nur vor dem Hintergrund der drei miteinander verknüpften Konfliktlinien wird erklärbar, wie aus diesem regionalen Aufstand in Böhmen gegen den habsburgischen Herrscher ein Krieg erwachsen konnte, der das gesamte Reich 30 Jahre lang in Atem hielt.

Die Vorgeschichte der Belagerung

Magdeburg verhielt sich in den ersten Jahren des Dreißigjährigen Krieges zunächst neutral. Zwar waren ihre Bürger früh zum protestantischen Glauben übergetreten, wodurch die katholische Kirche einen ihrer wichtigsten Standorte im Norden des Reiches verloren hatte. Dennoch stellte sich die Stadt im heraufziehenden Konflikt nicht offen gegen die katholische Partei, was nicht religiöse, sondern politische Gründe hatte. Viele Bistümer, die im Zuge der Reformation protestantisch geworden waren, waren von benachbarten Landesherren in deren Herrschaftsbereich eingegliedert worden. Die bedeutende Stadt Magdeburg wollte allerdings nicht Provinzstadt eines Fürstentums sein und kämpfte deshalb seit einem Jahrhundert um die Anerken-

Magdeburg vor der Zerstörung von 1631. Ihre Größe, die prächtigen Kirchen und der rege Handel auf der Elbe künden von der herausragenden Bedeutung der Stadt zu Beginn des 17. Jahrhunderts.

nung ihrer Reichsunmittelbarkeit; von den protestantischen Reichsständen wurde sie bereits wie eine freie Reichsstadt behandelt.[16] Den formalen Status konnte freilich nur der Kaiser gewähren, um dessen Gunst sich die Stadt deshalb bemühte. Zudem war Magdeburg Mitglied im Städtebund der Hanse, der insgesamt eine neutrale Haltung vertrat.

Die unterschiedlichen Interessen der Stadt bargen allerdings auch Gefahren in sich. Gegenüber dem Kaiser wollte Magdeburg seine konfessionelle Freiheit wahren, gegenüber den benachbarten Fürstentümern, vor allem den Kurfürstentümern Brandenburg und Sachsen, welche die reiche Stadt gern ihrer Herrschaft unterworfen hätten, versuchte sie ihre territoriale Selbstständigkeit zu behaupten, und im Bund der Hanse befand sich die Stadt in einem lang anhaltenden Konflikt mit Hamburg um die Vormachtstellung im Elbhandel. Zudem gab es innerhalb der Stadt Spannungen zwischen den Patriziern und den unteren sozialen Schichten aufgrund von wirtschaftlichen und religiösen Streitpunkten.[17]

Der Versuch Magdeburgs, Neutralität im Krieg zu wahren, wurde der Stadt schließlich zum Verhängnis. Als der Krieg mitteldeutsches Gebiet erreichte, geriet die Stadt wegen ihrer oft unsicheren, schwankenden Politik in die Isolation, zum Beispiel als zwischen 1625 und 1629 erstmals ihr Hinterland von katholischen Truppen besetzt wurde. Die Plünderung und Verwüstung des Umlandes hatte erhebliche negative Auswirkungen auf die wirtschaftliche Lage und den Elbhandel.[18] Trotz der katholischen Drohkulisse versuchten die Ratsherren Magdeburgs weiterhin, ihre ausgleichende Politik durchzuhalten, was jedoch die innerstädtischen Spannungen verschärfte, da die meisten Magdeburger einen Ausgleich im Glaubenskrieg ablehnten. Aber auch die katholische Seite wollte von Ausgleich nichts wissen. Sie hatte nach den militärischen und politischen Erfolgen der ersten zehn Kriegsjahre ein deutliches Übergewicht im Reich erlangt. Kaiser Ferdinand II. befand sich auf dem Höhepunkt seiner Macht und wollte diese nutzen. Im März des Jahres 1629 verkündete er deshalb das Restitutionsedikt. Das Gesetz sah die Rückgabe all jener ehemals katholischen Besitztümer vor, die nach 1552 unter protestantische Kontrolle geraten waren. Die Durchsetzung hätte »eine gewaltige Umwälzung der bestehenden Besitz- und Machtverhältnisse«[19] bedeutet.

Auch das Bistum Magdeburg sollte im Rahmen der großangelegten Re-Katholisierung zum alten Glauben zurückgeführt werden. Der Papst ernannte einen Sohn des Kaisers zum neuen katholischen Erzbischof von Magdeburg und Bremen. Im Mai 1630 verweigerte ihm die Stadt den Zutritt in ihre Mauern und dem Kaiser damit ihren Gehorsam. Eine militärische Auseinandersetzung wurde jetzt unvermeidbar.

Im Spätsommer begann Magdeburg mit eigenen Truppen gegen katholische Söldner in ihrem Gebiet vorzugehen und verzeichnete zunächst auch Erfolge. Wenige Wochen später wurden die Truppen der Stadt aber von neu heranziehenden Katholiken unter dem Kommando von Gottfried Heinrich Graf zu Pappenheim hinter die Mauern zurückgedrängt. Pappenheim war der Stellvertreter des Feldherrn Johann t'Serclaes von Tilly, zu jener Zeit Oberkommandierender der katholischen Armee im Reich. Auf offenem Felde waren die Magdeburger dieser Vorhut der katholischen Hauptstreitmacht mit 5000 bis 6000 Mann unterlegen.[20] Die Politik Magdeburgs war damit gescheitert. Die Stadt musste sich nach Bundesgenossen für den Kampf gegen die katholische Armee umsehen.

Im Juli 1630 war auf der Insel Usedom ein schwedisches Heer gelandet und griff aufseiten der Protestanten in den Krieg ein. Der Schwedenkönig Gustav II. Adolf suchte und fand das Bündnis mit der Stadt Magdeburg, die wegen ihrer ausgezeichneten strategischen Lage an der Elbe für alle Kriegsparteien von großem Interesse war. Dass sich Magdeburg gegen den Kaiser erhob, spielte in den Planungen Gustav Adolfs eine wichtige Rolle. Durch die Stadt sollte »die Rakete des Universalaufstandes in Deutschland gezündet werden«.[21] Zunächst ging diese Rechnung aber nicht auf. Im Reich entschied sich allein Magdeburg für ein Bündnis mit den Schweden und das wohl auch nur, weil die Stadt unmittelbar von katholischen

Machtansprüchen bedrängt wurde. Den meisten protestantischen Fürsten im Reich wird klar gewesen sein, dass das schwedische Eingreifen in den Krieg nicht wirklich religiösem Mitgefühl entsprang, sondern machpolitischer Gegnerschaft zum katholischen Kaiser im europäischen Kontext des Krieges. Erst die Zerstörung Magdeburgs trieb die Protestanten, wie oben erwähnt, dann an die Seite der Schweden.

In Magdeburg begann nun das Warten: Der verbündete Schwedenkönig sollte der Stadt zu Hilfe eilen. Als verhängnisvoll erwies sich in diesem Zusammenhang die Anwesenheit des schwedischen Hofmarschalls Falkenberg. Dieser war Ende Oktober 1630 nach Magdeburg gekommen, um dort für eine schwedenfreundliche Stimmung zu sorgen, und hatte das militärische Kommando in der Stadt übernommen. Seine Fähigkeiten zur Agitation übertrafen aber bei weitem sein militärisches Können.[22] Den Magdeburgern hatte Falkenberg kaum ein realistisches Bild ihrer Lage, geschweige denn vom herannahenden Schwedenkönig gezeichnet. Aber auch das katholische Heer vor den Toren der Stadt wartete – auf Graf Tilly, den Feldherrn mit dem Hauptteil der papsttreuen Armee.

Monate der Belagerung

Die Belagerung der Stadt dauerte in etwa ein halbes Jahr, vom Ende des Jahres 1630 bis zum 10. Mai 1631. Zunächst errichteten die Soldaten Pappenheims nur Schanzen und Sperren in einigem Abstand zur Stadt, um sie von ihrem Hinterland und der Versorgung abzuschneiden. Die Pappenheimer, wie diese Truppe genannt wurde, verbrachten auf diesen Schanzen den ganzen Winter – Wind und Wetter ausgesetzt, mit immer spärlicherem Proviant, nachdem die Gegend ausgeplündert und kahlgefressen war, und mit der reichen, doch unerreichbaren Stadt direkt vor ihnen.

Die Magdeburger Söldner konnten in dieser Zeit noch Ausfälle in die nähere Umgebung der Stadt unternehmen. Das taten sie jedoch nicht nur, um ihre Gegner zu bekämpfen, sondern auch um das noch verbliebene Umland der Stadt auszuplündern. Daniel Friese berichtet:

[Sie] holten, was sie auf dem Lande fanden, herein und verkauften es unter dem Vorwande, es käme sonst doch den Kaiserlichen zugute; es wäre also besser,

Die Belagerung Magdeburgs im April 1631 dargestellt auf einem zeitgenössischen Kupferstich. Die Zollschanze und die Vorstädte werden durch kaiserliche Truppen erobert.

dass sie es vorher selber wegnähmen, als dass der Feind dadurch gestärkt wurde. Damit wurden die Sünden der Stadt nicht wenig gehäuft.[23]

In Magdeburg unternahm man unterdessen einige Anstrengungen, die Verteidigungsanlagen weiter zu verstärken und vor allem die Außenwerke zu sichern. Besonders wichtig war die Zollschanze, eine Bastion auf dem anderen Ufer der Elbe, welche die Kontrolle des Handels auf dem Fluss gewährleistete.

Ende März 1631 erschien unter dem Kommando Tillys schließlich die Hauptstreitmacht des katholischen Heeres mit etwa 20 000 Fußsoldaten und 2 000 Reitern vor den Mauern Magdeburgs.[24] Damit waren ausreichend Soldaten zur Hand, den Belagerungsring eng um die Stadt zu legen. Ein hartnäckiger Kampf begann. Innerhalb weniger Tage eroberten die katholischen Einheiten bis auf die Zollschanze alle Außenwerke. Der wichtige Übergang über die Elbe musste von den Magdeburgern ebenso wie die beiden Vorstädte Neustadt und Sudenburg rund drei Wochen später geräumt werden. Bei dem Verlassen der Vorstädte steckten die Magdeburger diese in Brand, damit die Häuser den Angreifern nicht als Deckung in ihrem Belagerungskampf dienen konnten.

Im Falle der Neustadt gelang dies jedoch nur teilweise. Die Pappenheimischen Söldner konnten deshalb ihre Belagerungsgräben hier sehr nahe bis an die Mauern heran ausheben. An diesem neuralgischen

Punkt sollte am 10. Mai der entscheidende Sturmangriff gelingen. Die Magdeburger hatten das wohl erkannt, denn bis in die letzten Tage der Belagerung, so erläutert ein Bericht, unternahmen sie dort mehrere Ausfälle, um die Belagerer zu vertreiben.[25]

Die vorgelagerten Stellungen gaben die Magdeburger vor allem deshalb auf, weil zu ihrer Verteidigung nicht genügend Soldaten zur Verfügung standen. Es kam bei diesen Vorposten immer wieder zu Scharmützeln, die die Zahl der städtischen Söldner ständig dezimierten. Auch trugen Unterernährung, Krankheiten und Desertionen wegen der schlimmen Lage der Söldner zur schrumpfenden Zahl der städtischen Soldaten bei. Ein Magdeburger Bericht erklärt, dass die Bürger der Stadt aus kurzfristigem Eigeninteresse die städtische Kampfkraft selbst schwächten:

Theils waren wegen Mangelung des Proviants / in dem die Bürger anfangs gantz nichts ohne bare Bezahlung / oder gewisse versicherung vnd Wechselbrieffe [...] geben wolten / Uns wiederumb entweder entlauffen / oder für Hunger / vnd an dem CommissBier / daß etliche so ehrlos braweten vnd verfelschten / gestorben / das wir also in einer Summa / gesunde Soldaten / nicht vollkommentlich 2. tausend zu Fuß / vnd 2. hundert vnd funffzig zu Roß vbrig gehabt.[26]

Insgesamt war das Verhältnis zwischen Bürgern und Söldnern in der Stadt gespannt, da nicht nur die Soldaten unter der Behandlung durch die Bürger litten, sondern »die mangelhaft ausgerüsteten und schlecht bezahlten Truppen [ihrerseits] zu einer Plage für die Bevölkerung wurden«.[27] Die Lage in der Stadt war also alles andere als gut, zumal sich im Verlauf des Monats April die Zahl der wehrfähigen Söldner durch die andauernden Gefechte weiter verringerte und auch die Pulvervorräte zur Neige gingen.[28]

Dennoch ging der Rat der Stadt nicht auf die Angebote Tillys zur Übergabe der Elbmetropole ein. Solche Aufforderungen zum »Accord«, also einer gewaltlosen Kapitulation, werden auch in protestantischen Berichten mehrere erwähnt, die letzte vom 8. Mai. Von dieser heißt es, Tilly habe einen Vorschlag angekündigt, »daß wir sämptlichen solten zufrieden seyn«.[29] Eine Übergabe der Stadt zu einigermaßen annehmbaren Bedingungen wäre also durchaus möglich gewesen. Indem die Bürger sich dem Accord verweigerten, erklärten sie sich nach geltendem Kriegsrecht zu Feinden. Der Sturm der Stadt mit der dazugehörigen Gewalt und Plünderung war die unvermeidliche Folge. Den Magdeburgern wird das völlig klar gewesen sein, zumal es bereits mehrere Versuche der Erstürmung gegeben hatte.

Daniel Friese schreibt: »Nun waren wir dessen fast gewohnt, denn die Kaiserlichen hatten über viermal gestürmt, waren aber allzeit abgeschlagen worden.«[30]

Dass es nicht zur Übergabe kam, lag in erster Linie an dem Gesandten Falkenberg. Der Agitator der Schweden schaffte es, die Stimmung, die sich angesichts der bedrohlichen Lage in Richtung einer Kapitulation neigte, zumindest in der Waage zu halten. Der Magdeburger Ratsherr Simon Printz war im Rathaus an den Diskussionen noch in den Morgenstunden des 10. Mai 1631 beteiligt: »[Der] Rath der Stadt und Ausschuß sich frühe Morgens zu Rath-Hause verfügeten, [...] zu vernehmen, was er [Tilly] für einen Accord würde vorschlagen, wiewohl man noch stündlich den Entsatz verhoffete [...].«[31] Man wartete noch immer auf die Hilfe Gustav Adolfs, dessen Nahen Falkenberg weiter ankündigte.

König Gustav II. Adolf

Die Erwartung der Magdeburger, das Heer der Schweden werde die Stadt befreien, wurde letztlich nicht erfüllt. Die Schweden versuchten das mit einem ausführlichen Bericht ihres Feldzuges seit der Landung an der Ostseeküste im Sommer 1630 zu erklären.[32] Dieser läuft im Grunde darauf hinaus, die immer neue Verzögerung des Zuges nach Magdeburg als Folge einer Verkettung widriger Umstände darzustellen. Trotzdem wären sie fast noch zur rechten Zeit eingetroffen. Am 10. Mai lag das Heer Gustav Adolfs einige Kilometer südlich von Potsdam, nur noch wenige Tagesmärsche von Magdeburg entfernt. Diese offizielle Erklärung enthält zumindest teilweise eine Neubewertung der Situation nach der Zerstörung der Stadt. Sie steht nämlich in Widerspruch zu einem Brief, den Gustav Adolf Mitte April an seinen Beauftragten Falkenberg in Magdeburg geschrieben hatte. In diesem kündigt er an, die Befreiung der Stadt sei erst »in ein paar Monaten«[33] möglich.

Im Warten auf Gustav Adolf verknüpften sich in dieser Phase des Dreißigjährigen Krieges beispielhaft eine religiöse Heilserwartung und ein reales irdisches Geschehen. Der tatsächliche Feldzug des Schwedenkönigs wurde religiös aufgeladen. »Nicht aus der Überzeugung, dass durch politisch richtiges Tun eine Verbesserung menschlicher Existenz möglich ist, sondern aus der Hoffnung auf eine zu erwartende göttliche Erlösung«[34] speiste sich der Trost, den die Menschen aus dem angekündigten Erscheinen des Schwedenkönigs sogen. Die schwedische Propaganda hatte an der Entstehung dieser Heilserwartung einen entscheidenden Anteil. Sie zielte vor allem auf die einfache Bevölkerung in den protestantischen Regionen des Reiches, denen ein Retter angekündigt wurde, der für Religionsfreiheit, die Bewahrung der Lutherischen Lehre, die *teutsche libertet* und einen erfolgreichen Kampf gegen die Katholiken stand. Der Retter sollte eine dem Kaiser vergleichbare Position einnehmen, über ein geeintes Reich loyaler Untertanen herrschen und wunderbare Taten vollbringen.[35] Angesichts der militärischen Situation im Reich, die die protestantische Seite seit über zehn Jahren in der Defensive sah, fiel diese Propaganda auf fruchtbaren Boden.[36]

Gustav II. Adolf

Gustav II. Adolf wurde am 19. Dezember 1594 in Stockholm geboren und bestieg im Jahr 1611 den schwedischen Königsthron. Am Hof seines Vaters, König Karls IX., war er schon frühzeitig auf die

spätere Regentschaft vorbereitet worden, hatte eine hervorragende Bildung genossen – zum Beispiel sprach er neben Schwedisch auch fließend Deutsch – und war durch ausländische Offiziere mit den neuesten militärischen Strategien und Taktiken vertraut gemacht worden. Mit seinen großen militärischen und politischen Erfolgen während des Feldzuges im Dreißigjährigen Krieg legte er die Grundlagen für die Großmachtstellung Schwedens im Ostseeraum, die bis Anfang des 18. Jahrhunderts Bestand hatte.

Der Schwedenkönig Gustav II. Adolf. Der Feldherr wurde im Dreißigjährigen Krieg dank seiner militärischen Erfolge, seiner charismatischen Persönlichkeit und seines frühen Todes auf dem Schlachtfeld zu einer sagenumwobenen Figur.

Das Schlagwort, unter dem der König auf den zeitgenössischen Flugblättern erschien, war der »Löw von Mitternacht«. Mitternacht stand in jener Zeit für die nordischen Länder, und mit der Figur des Löwen wurden gern bedeutende Herrscher bezeichnet[37] wegen der ihr zugeschriebenen Eigenschaften wie moralische und militärische Stärke. Im speziellen Falle Gustav Adolfs geschah dies außerdem, weil der Löwe ein Teil des schwedischen Reichswappens war.[38]

Die Schweden schafften es, mit der Figur des Retters in religiösen Fragen die eigenen realpolitischen Interessen im Ostseeraum, die ausschlaggebend für ihre Intervention in den Krieg gewesen waren, völlig zu verdecken.[39] Dass dies gelingen konnte, hing entscheidend mit der heilsgeschichtlichen Dimension des Schlagwortes vom »Löw aus Mitternacht« zusammen. Sie bezog sich auf eine biblische Prophezeiung, die das Erscheinen eines gottgesandten Streiters aus dem Norden ankündigt. Die Historikerin Silvia Serena Tschopp bewertet das folgendermaßen: »Nicht ein konkreter Entwurf, sondern die Hoffnung auf ein mystisches Friedensreich vermittelt die auf den schwedischen Feld-

Als sein größter militärischer Triumph gilt der glänzende Sieg in der Schlacht bei Breitenfeld am 17. September 1631 (siehe hierzu S. 57). Nachdem die schwedische Armee im weiteren Verlauf des Krieges tief in den Süden des Heiligen Römischen Reiches eingedrungen war, sich aber wieder zurückziehen musste, fand rund ein Jahr später in der Nähe des Örtchens Lützen bei Leipzig erneut eine große Schlacht zwischen dem schwedischen und einem katholischen Heer statt. Wieder gelang es den Schweden, die Oberhand zu erlangen.

In dieser verlustreichen Schlacht fiel jedoch König Gustav Adolf. Er hatte einen Reiterangriff trotz Warnungen persönlich angeführt und war dabei von einem Gegner aus nächster Nähe erschossen worden. Der Leichnam des Königs konnte vom Schlachtfeld geborgen und zur Bestattung nach Stockholm überführt werden.

Der frühe und abenteuerliche Tod des Königs machte ihn zu einem Märtyrer und beförderte die Verbreitung von Legenden über seine Taten. Nach Gustav Adolfs Tod übernahm sein Reichskanzler Axel Oxenstierna für die noch minderjährige Tochter und Thronfolgerin Christina die Regierung des Königreichs Schweden und führte auch den Krieg im Heiligen Römischen Reich für mehrere Jahre fort.

zug gemünzte Prognostik. Der schwedische König erscheint als mes-
sianischer Herrscher, dessen Wirkung weniger politischem Handeln
als vielmehr von Gott verliehenem Charisma zu verdanken ist.«[40] Das
Charisma fand seinen irdischen Ausdruck für alle erkennbar in der
Serie von Siegen, die der Feldherr seit seiner Landung erringen konnte.
Als der König aus dem Norden kämpfte Gustav Adolf in dieser Symbolik einen biblischen Kampf gegen den König aus dem Süden, der
in der Propaganda als der Kaiser dargestellt wurde. Die Eroberung
des protestantischen Magdeburg durch die katholische Armee und
ihr symbolisches Gegenstück, die vernichtende Niederlage des katholischen Heeres bei Breitenfeld, bildeten gemeinsam das Sinnbild jener
biblischen Auseinandersetzung.

Die Lage der Söldner im Krieg

Ob die religiöse Frage, wie man angesichts des Religionskrieges plausi-
bel vermuten könnte, für die direkt Involvierten, also die Söldner, eine
bedeutende Rolle spielte, lässt sich in der Gesamtsicht nur vermuten.
Informationen und Zeugnisse aus der Zeit stehen in zu geringer Anzahl zur Verfügung, als dass sich allgemeingültige Schlussfolgerungen
ziehen ließen. Die wenigen erforschten Quellen geben sowohl Hinweise
auf tatsächlich religiös motivierte Soldaten als auch auf solche, die das
genaue Gegenteil nahe legen.

   Die Biografie eines der wichtigsten Zeugen der Magdeburger Belagerung, des Söldnerhauptmanns Georg Ackermann*, ist beispielhaft dafür, dass die Motivation während des Krieges auch wechseln
konnte. Wir wissen von ihm, dass er im Jahre 1603 in einem protestantischen Elternhaus geboren wurde.[41] Mit 18 Jahren wurde
er Söldner und kämpfte zunächst für verschiedene protestantische
Heerführer. Der evangelische Glaube spielte für ihn in jener Zeit vermutlich eine nicht unwesentliche Rolle. Jedenfalls wird berichtet,
dass Ackermann im Jahre 1627, nachdem er durch ein katholisches
Heer gefangen genommen wurde und man ihm den Übertritt in den
Dienst für die katholische Sache anbot, sich dieser Offerte durch

---

*   Bei Volkholz 1895 taucht auch der Name Jürgen Ackermann auf. Da es sich
    dabei aber um dieselbe Person handelt, wird im vorliegenden Text ausschließ-
    lich der Name Georg Ackermann verwendet.

Flucht entzog und wieder in den Dienst eines protestantischen Feldherrn eintrat.

Kaum ein halbes Jahr später musste sein Regiment aber erneut vor einem katholischen Heer kapitulieren. Dessen Anführer hieß Pappenheim. Jetzt spielten konfessionelle Skrupel offensichtlich keine entscheidende Rolle mehr bei der Wahl des Dienstherrn. Die Truppe trat geschlossen zu Pappenheim über. Ackermann berichtet, »daß ich aus dem Mansfeldischen und Dänischen Kriege [also seiner Dienstzeit in protestantischen Heeren] ohne Bezahlung gekommen war, wiewohl ich in solchen Zügen viel Jammer, Krankheit und Unglück ausgestanden hatte«. Beim neuen Dienstherrn Pappenheim »wurde ich befordert, daß ich eine schöne compagnie von 300 Mann zu commandieren hatte, wurde auch einst mahls zum regiments qvartiermeister bestellet, also daß ich mein gut Stück Geld vor mich gebracht«.[42] Der materielle Aspekt des Söldnerdaseins tritt hier eindeutig in den Vordergrund.

In der Not, das tägliche Überleben zu sichern, muss wohl nicht nur der Hauptgrund für einen möglichen Wechsel des Dienstherrn gesehen werden, sondern es dürfte sich dabei auch um den wichtigsten Grund handeln, überhaupt als Söldner anzuheuern. Denn als Quartiersgeber und Nahrungsmittellieferanten hatten die Bauern und Bürger materielle Verluste zu erleiden und mussten zudem fast jederzeit mit Raub, Zerstörung und Vergewaltigung und, sobald sie sich gegen die Übergriffe wehrten, mit dem Tod rechnen.[43] Angesichts der Drangsale und Gewalt, denen die Zivilbevölkerung ausgesetzt war, konnte der Anschluss an ein Heer vergleichsweise große Sicherheit bieten. Besonders in unsicheren Zeiten und wenn Nahrungsmittel knapp und teuer waren, meldeten sich deshalb viele Männer bei den Werbern der Heere.[44] Das bedeutete, dass in den Gebieten, durch die die Söldnerheere marodierend und plündernd zogen, auch am leichtesten Rekruten gewonnen werden konnten – der Krieg nährte sich selbst. Zu diesen mehr oder minder Freiwilligen gesellten sich in den Heeren des Dreißigjährigen Krieges – zum Teil aus ganz unterschiedlichen europäischen Ländern – aber noch allerlei Abenteurer und flüchtige Verbrecher sowie Zwangsrekrutierte.[45]

Im Gefolge des derart zusammengewürfelten Heeres zog ein Tross aus Frauen und Kindern, Dienern, Marketenderinnen und Händlern sowie dem dazugehörigen Gepäck mit – eine Stadt auf Wanderschaft. Der Tross konnte leicht aus einer mindestens ähnlich großen Zahl an Personen bestehen wie das eigentliche Heer, hinzu kamen die Pferde (vermutlich wenigstens zwei pro berittenem Soldaten) und das Schlachtvieh. Die Versorgung der Truppe war eines der logistischen Hauptprobleme jener Zeit. Allein an Nahrungsmitteln standen theoretisch jedem Soldaten täglich 2 Pfund Brot, 1 Pfund Fleisch und 3 Liter Bier zu,[46] hinzu kam die Ausrüstung: Kleidung, Waffen und anderes Gerät.

Je länger der Krieg dauerte, desto schwieriger wurde die Versorgung der Truppe, besonders wenn sie, wie das katholische Heer vor Magdeburg, über lange Zeit an einem Ort verweilte. Die Umgebung war früher oder später ausgeplündert. Im Herbst 1630 hatten die katholischen Verbündeten zudem, weil die finanziellen Aufwendungen für den Krieg aus dem Ruder liefen, die Versorgungsstandards drastisch gesenkt.[47] Ein katholischer Söldner beschrieb sein jämmerliches Dasein während der Belagerung von Münster drei Jahre später sehr anschaulich in einem Brief an seine Frau. Man kann vermuten, dass nach Monaten der Belagerung vor Magdeburg ähnliche Zustände geherrscht haben:

Wir liegen vor der Stadt unter freiem Himmel. Nun, in drei Monaten bin ich nicht aus meinen Kleidern gekommen, hätte ich doch nur noch Stroh unter mir. [...] Wir liegen auf der Straße wie das tote Vieh. Großen Mangel leiden wir. O Brot, o Brot, o frisches Wasser.[48]

Viele der Männer in den Gräben und auf den Schanzen rund um die Stadt Magdeburg waren der Belagerung wahrscheinlich ähnlich überdrüssig. Sie wollten sie beenden und mit Lösegeld oder Beute versehen bald weiterziehen.

Eroberung und Brand

An der Verteidigung Magdeburgs waren Söldner und Bürger der Stadt beteiligt. Falkenberg hatte nach dem Rückzug aus den Vorstädten und von der Zollschanze die Mauern der Stadt in Abschnitte eingeteilt, für deren Verteidigung jeweils gemischte Abteilungen aus Söldnertruppen und Bürgerwehr Verantwortung trugen. Nur zur Elbe hin wurden die Mauern ausschließlich von Bürgern bewacht. Die Stadt war nach dem Fall der Vorposten unter ständigen Beschuss genommen worden, nachts flogen Brandsätze aus den Belagerungsgräben über die Mauern, die man ebenfalls mit Minen zum Einsturz zu bringen versuchte.

Für die Bürger bedeutete das den Dienst auf der Mauer – der Bürger Simon Printz berichtet beispielsweise, »von 16 Nächten war ich nur eine in meinem Hause gewesen, sonst war ich Tag und Nacht auf dem Walle«[49] – und eine ständige Bedrohung im alltäglichen Leben. Daniel Friese erzählt: »Wir Kinder waren kaum aufgestanden und aus dem Keller gekrochen, darin wir uns wegen der Feuerkugeln und des andern Schießens wegen verborgen hatten.«[50]

Dennoch nahmen nicht alle Bürger die Bedrohung gleich ernst. So verkündet ein Magdeburger Bericht, dass Falkenberg und seine Offiziere anlässlich eines Kontrollganges auf den Mauern »bey den meisten [Bürgern] eine grosse nachlessigkeit / mit höchster bestürtzung gefunden / Da immer einer auff den andern hat sehen wollen / vnnd nicht etwa das geringeste mehr thun als der ander [...].«[51]

So ähnlich muss die Situation wohl auch am Abend vor der Erstürmung gewesen sein. Offenbar hatte man in der Stadt den Eindruck, die Lage sei unter Kontrolle: Das katholische Heer war mit seinen letzten Angriffen gescheitert, ein Unterhändler Tillys, der die Antwort des Rates auf die letzte Aufforderung zum Accord erwartete, befand sich in der Stadt und zwischenzeitlich war ein Waffenstillstand vereinbart worden. »Man hätte nimmermehr vermutet, dass des morgenden Tages die Stadt sollte genommen werden«, so erinnerte sich Daniel Friese an den Abend vor dem Sturm.[52]

Am kommenden Morgen aber lief Tillys Ultimatum zur gewaltlosen Übergabe der Stadt aus. Die Belagerer hatten den Sturmangriff auf

Belagerungswaffen

Die Belagerungswaffen im Dreißigjährigen Krieg waren auf Einfachheit, Effektivität und geringe Kosten ausgelegt – wie beispielsweise die so genannten Pechkränze und Feuertöpfe.

Bei Pechkränzen handelte es sich um mit Pech getränkte Schnüre, die entweder zu einem Ring verflochten oder um einen hölzernen Ringkern gelegt waren. Sie wurden bei Belagerungen in großer Zahl als Brandsätze eingesetzt.

Ebenfalls als Brandsätze dienten Feuertöpfe. Dies waren einfache Keramikgefäße, die mit hochentzündlichen Brandgemischen – zum Beispiel Schwarzpulver, Schwefel und ungelöschter Kalk – befüllt wurden. An der Außenseite des Gefäßes befanden sich henkelförmige Ösen, durch die Zündschnüre an den Feuertopf gebunden wurden. Warf man den befüllten Topf mit brennender Zündschnur

7.30 Uhr an jenem Morgen des 10. Mai festgesetzt. Die Verteidiger nahmen sehr wohl die Vorbereitungen für die Truppenbewegungen während der Nacht wahr, doch meinte man nach Sonnenaufgang, es werde nichts mehr geschehen, da üblicherweise Angriffe im Morgengrauen erfolgten. Die über Nacht gut besetzten Wälle wurden deshalb teilweise geräumt, der Hälfte der Besatzung erlaubte man entsprechend den Gepflogenheiten, nach Hause zu gehen. Auch ein Teil der Offiziere hatte sich zur Ruhe gelegt, als von den Ruinen der Neustadt her die Soldaten Pappenheims mit voller Mannschaftsstärke angriffen.[53] Georg Ackermann und seine Kompanie waren die ersten, die die Mauern erklimmen konnten:

> Da war ein solches Donnern und Krachen von Musketen, Feuermörsern und Kartaunen, daß niemand weder hören noch sehen konnte, und da uns Nachschub häufig folgte, so daß der ganze Wall schwarz von Volk und Sturmleitern bedeckt war, brachen wir endlich, nachdem etliche 100 Mann [der Feinde] gefallen waren, über den Oberwall ein.[54]

Ursprünglich war zwischen den einzelnen Abteilungen des kaiserlichen Heeres vereinbart worden, dass alle zur gleichen Zeit ihren Angriff starten sollten, damit sich die Verteidiger auf den Mauern verteilen mussten und nicht an einem einzelnen Punkt konzentriert Widerstand leisten konnten. Tilly hatte sich aber in der Nacht entschlossen, den Angriff um eine Stunde zu verschieben, was seinem

über die Mauer einer Festung oder Stadt, dann zersprang das Gefäß beim Aufprall auf Dächer, Hauswände oder auf offenem Gelände. Das Brandgemisch entzündete sich an den glimmenden Zündschnüren und verursachte Explosionen oder setzte Gebäude in Brand. Der ungelöschte Kalk rief bei Menschen und Tieren, die mit ihm in Kontakt kamen, sofort schwere Verätzungen hervor, was die Kampfkraft erheblich schwächte.

Solche Feuertöpfe wurden sowohl von Belagerern wie von Belagerten eingesetzt. In ein angreifendes Heer geworfen, konnten die Töpfe Panik unter den Reittieren auslösen. Mitunter wurde die Wirkung erhöht, indem zusätzlich Fußangeln in Form von eisernen Tetraedern in den Topf hineingegeben wurden, die sich dann nach dem Zerspringen der Keramik als gefährliche Tretminen auf dem Kampfplatz verteilten und Menschen wie Pferden schwere Verletzungen beibrachten.

Stellvertreter Pappenheim jedoch – wohl aufgrund von Intrigen unter dem Führungspersonal des Tillyschen Heeres[55] – nicht mitgeteilt worden war. Die Pappenheimer stürmten also zunächst ganz allein, konnten aber die Mauern relativ schnell überwinden. Simon Printz vermutet, dass »an dem Orte die Bürger und Soldaten etwas unfleißig gewachet«.[56] Danach formierte sich der Widerstand der Magdeburger aber schnell, und ein erbitterter Häuserkampf entbrannte. In der ersten Reihe der Angreifer befand sich zu dieser Zeit noch immer Georg Ackermann:

Weil wir aber in der Lakenmacherstraße von Reitern und Fußvolk großen Widerstand fanden, riefen wir die Pikeniere her; diese aber in der Meinung, dass die Stadt schon gewonnen wäre und sie nun Beute machen müssten, hatten ihre Piken entzweigekerbt, um die Häuser besser durchstreifen zu können, und kamen nur mit Springstöcken. Wir wurden also zum 2. und 3. Mal zurück bis an die Mauern und Sturmleitern getrieben.[57]

An anderen Abschnitten der Verteidigungsanlagen war den Kaiserlichen jedoch nicht einmal ein erstes Eindringen in die Stadt gelungen. Simon Printz, der sich sofort auf die Mauer begab, als man im Rathaus von dem Sturmangriff erfuhr, beschreibt seine Erlebnisse an einem anderen Ende der Stadt folgendermaßen:

Wie ich hinaufkam, lief des Grafen von Mansfeld Volk bereits Sturm am Heideck, aber sie konnten es nicht schaffen, sondern wurden von uns (den Bürgern) und den Soldaten, die unten im Heideck waren, abgeschlagen. Dies währte von 7 bis 1/2 10 Uhr. Da kam der Feind aus der Stadt [...] zu uns und hatte viele Bürger-Fähnlein schon bekommen; auch erfuhren wir von etlichen Bürgern, dass die Stadt ganz über war. Denn wir konnten bei unserm Schießen nicht hören, was an andern Orten geschah.[58]

Den Pappenheimern gelang es im Verlauf der zähen Auseinandersetzung, den Widerstand der Magdeburger zu brechen. Georg Ackermann beschreibt die entscheidenden Momente:

Inzwischen hatte Feldmarschall Pappenheim mit Hacken und Piken einen Querstieg den Wall hinauf hauen lassen, womit er mit 4 Kompagnien Arkebusiere und einige Kroaten in die Stadt brachte. Das Fechten in den Gassen, welche zumteil mit Ketten bezogen waren, hatte unsere 9 Sturmkolonnen, deren jede 3000 Mann stark war, dermaßen abgemattet, dass wir kaum jappen konnten. Als nun unsere Reiterei mit Pauken- und Trompetenschall durch die Lakenmacherstraße anmarschiert kam, begann der Feind zu weichen.[59]

Den anderen Abteilungen öffneten sie dann die Tore von innen.

Ackermann berichtet aus der Phase, als der Kampf noch unentschieden war, dass Pappenheim die Anweisung gegeben habe, »ein paar Häuser anzuzünden [...], in Meinung, die Bürger von den Waffen abzubringen und zum Löschen zu veranlassen«. Mit einigen Männern legte Ackermann »wiewohl wider unsern Willen« in zwei Häusern Feuer, was die Bürger jedoch nicht vom Kämpfen abbrachte. Später dann »stand ein großer Sturmwind auf, die Stadt ging an allen Orten mit Feuer an, dass auch ganz keine Rettung noch Hülfe war«. Die Stadt wurde durch das Feuer beinahe komplett zerstört. Nur der Dom, das angrenzende Kloster und einige Häuser in deren Umgebung konnten durch Löschtrupps der siegreichen katholischen Armee gerettet werden. Ackermanns Einschätzung dazu: »Aber den Herrn General Tilly jammerte die schöne Domkirche und ließ alsbald 500 Fußsoldaten zum Löschen kommandieren und war selber dabei [...].«

Über die Frage nach der Ursache und der Verantwortung für die Feuersbrunst stritten sich in der Folge sowohl die Kriegspropaganda als auch die Historiker.[60] Auch wenn Ackermanns Bericht keinen direkten Zusammenhang zwischen den beiden angezündeten Häusern und dem späteren Großfeuer herstellt, so bietet er dennoch den Ansatzpunkt, den Angreifern die Verantwortung zuzuschreiben.

Es gibt jedoch auch anderslautende Berichte. Der kaiserliche Söldner Leonhard Wolff erzählt, es habe »unversehens die Stadt durch verstecktes Pulver Feuer gefangen, die dann noch am selbigen Tag abgebrannt, dass nicht mehr denn die Domkirche und die schlechtesten Gassen übriggeblieben. Es hat sich aber der Wind selbigen Tags sechsmal verändert und alles angesteckt [...].«[61] Eine katholische Flugschrift sieht die Verantwortung bei den Bürgern und dem schwedischen Befehlshaber Falkenberg.

Er vnd andere vornembste in der Statt [...] ja selbsten würcklich Hand angelegt, daß nicht allein an vnderschidlichen vornemmen Orthen in der Statt Puluer vergraben, vnd angezündt [...] die Statt hin vnd wider mit Fewr an- vnd in einen vnlöschlichen jämmerlichen Brandt, auß verzweiffletem vnglaublichen Neid [...].[62]

Diese Erklärung konnte in den Augen ihrer Leser insofern einige Plausibilität erlangen, als der Brand der Stadt keineswegs im Interesse der Angreifer war. Eines ihrer dringlichsten Probleme, die Versorgung der Truppe mit Lebensmitteln, wurde durch die Vernichtung der städtischen Vorräte nur noch verschärft. Zudem war die Stadt nur in einigermaßen intaktem Zustand für die Eroberer von strategischem Interesse.

Ihre Zerstörung durch das Feuer war der wichtigste Umstand, der Tillys Sieg im Anschluss relativierte. Es kursierten auch deshalb Berichte, die von »Verrätherey« ausgingen, weil das Feuer an vielen Stellen der Stadt gleichzeitig ausgebrochen sein soll.[63]

Die offizielle Verlautbarung Tillys zur Eroberung Magdeburgs enthält keinerlei Vermutungen über die Ursache des Brandes, außer dass die »Stadt von GOTT dem Allmächtigen mit Fewer vnnd Schwerdt zugleich auff einmal Augenscheinlich gestrafft worden«.[64] Vielleicht hält er sich zurück, weil ihm bewusst war, dass sich der begrenzte Einsatz von Feuer als taktisches Mittel im Krieg, wie von Pappenheim angeordnet, als Illusion erwiesen hatte.[65] Aussagen, die die Frage nach der Verantwortung entweder nicht stellten oder sie als unklärbar betrachteten, kursierten in der Öffentlichkeit durchaus. Eine Leipziger Zeitung meinte beispielsweise: »Das Feuer ist außkommen das man nicht weiß wo ob es die Tillischen oder der Stadt Volck gethan.«[66] Angesichts des für Propagandazwecke idealen Themas waren solche Berichte aber rein quantitativ von geringer Bedeutung.

Überlebenskampf und Plünderung

Nachdem der erbitterte Häuserkampf entschieden war, galt es für die Einwohner nicht mehr, den Feind abzuwehren, sondern das eigene Leben zu retten. Vereinzelt wurde dennoch weiterhin Widerstand geleistet, was zum Beispiel Georg Ackermann fast zum Verhängnis geworden wäre:

[Einer hatte] eine Axt; die nahm ich ihm aus der Hand und schlug damit die innere Tür [eines] Hauses angelweit auf. Als die Tür aufsprang, stand einer mit angeschlagenem Gewehr und gab Feuer auf mich, streifte aber, da ich mich wendete, mich nur am Arm und schoss einen hart bei mir nieder [...]. Ich hatte das Türaufschlagen satt [...].[67]

Auch für die Angreifer änderte sich das unmittelbare Ziel. Die Verteidigungsanlagen waren überwunden, der Widerstand gebrochen, jetzt konzentrierten sie sich darauf, Beute zu machen. Für die Söldner entschied sich erst in diesem Punkt, ob der Sturm für sie ein Erfolg werden sollte.[68]

Es war wohl in erster Linie dem Zufall zuzuschreiben, ob das Zusammentreffen von Bürgern und Söldnern für beide zum erhofften

Ziel führte. Der erste Kontakt verlief für den jungen Daniel Friese im elterlichen Haus zum Beispiel wie folgt:

> Die Soldaten drohten, dass, wo wir nicht würden aufmachen und sie hinein-
> kämen, so wollten sie keine Seele leben lassen. Wir mussten sie hineinlassen,
> bald fielen sie den Vater an samt der Mutter und begehrten Geld; es waren
> nur zwei Musketiere. Vater und Mutter gaben ihnen, was sie an Gelde bei sich
> hatten, desgleichen auch etliche Kleider und Geräte. Dann ließen sie sich be-
> frieden, fragten nur noch nach Schuhen und gingen wieder davon. Wir baten
> gar sehr, sie möchten uns doch hinaushelfen; wir wollten uns gern freikaufen;
> es war aber kein Gehör bei ihnen, denn sie sagten, sie müssen erst Beute
> machen.[69]

Solch einigermaßen glimpfliches Aufeinandertreffen war jedoch nicht die Regel, wie schon die übergroße Mehrheit der Magdeburger bezeugt, die nicht mehr die Gelegenheit fanden, ihre Erlebnisse zu be-

Magdeburger Blutbibel

Als die Soldaten des katholischen Heeres am Tag der Eroberung Magdeburgs mordend und plündernd durch die Stadt streiften, drangen sie auf der Suche nach Beute auch in die Kirche St. Johannis ein und töteten viele der dorthin geflüchteten Bürger. Auch der Pfarrer der Gemeinde, Andreas Kramer, war vor der Bedrohung nicht sicher. Zum Schutz vor den Attacken griff Kramer ein auf dem Altar der Kirche liegendes Buch und parierte damit die Hiebe und Stiche der Soldaten.

Die Schnittspuren in Einband und Papier des Buches, das als so genannte »Magdeburger Blutbibel«

Die »Magdeburger Blutbibel«. Einband und Papier weisen deutliche Schnitt- und Stichspuren auf, die dem Buch am 10. Mai 1631 beigebracht wurden.

richten. Die meisten starben von der Hand Beute suchender Söldner oder in ihren Verstecken durch Rauch und Feuer. Daniel Friese, der sich mit seiner Familie inzwischen auf den Dachboden geflüchtet hatte, konnte das von dort aus beobachten: »Kisten und Kasten wurden in unserem und in des Nachbarn Hause aufgeschlagen. Durch die Ziegel sahen wir, wie unsere Nachbarn, die armen Leute, geschlagen, gerädert und gemartert wurden und versahen uns alle Stunden des Todes.«[70]

Für die Bürger gab es nur zwei Möglichkeiten, mit dem Leben davonzukommen: Die Flucht in eine Kirche war eine, wobei sich allerdings nur der Dom und das Kloster Unser Lieben Frauen als wirklich sichere Orte erwiesen. Alle anderen Kirchen wurden Opfer der Flammen oder der Söldner. Der zweite Weg, der Metzelei und dem Feuer zu entrinnen, war die Gefangennahme durch einen Soldaten, der seine

noch heute zu bestaunen ist, vermitteln ein sehr anschauliches Bild davon, wie sich Andreas Kramer das aufgeschlagene Buch schützend über den Kopf und vor die Brust gehalten haben muss. Die Buchseite, die sich währenddessen öffnete, beinhaltet den Predigttext »Am Tage der Heimsuchung«.

Trotz des Schutzes durch das »Wort Gottes« hätte der Pfarrer wohl kaum die Angriffe überlebt, wenn nicht der Offizier Edzard von Aschten die Söldner gestoppt hätte. Aschten erkannte in Kramer seinen früheren Lehrer wieder und sorgte dafür, dass der Pfarrer und seine Familie die brennende Stadt unbeschadet verlassen konnten. Die Flucht führte Kramer und mit ihm das Buch, das ihm das Leben gerettet hatte, schließlich ins thüringische Mühlhausen, wo er eine neue Anstellung fand.

Die »Blutbibel« war dem Pfarrer zeit seines Lebens ein kostbarer persönlicher Besitz. Auf einer Seite wurde später vermerkt:

Dieses Buch, das am 10. Mai 1631 bei der durch die tillyschen und pappenheimischen Scharen bewirkten jammervollsten, gänzlichen Zerstörung Magdeburgs von der tyrannischen Wut der Kroaten zerfetzt und aus dem Brande gerettet worden ist, hat Magister Andreas Kramer in der Kirche Sankt Blasii zu Mühlhausen zum Andenken niedergelegt.

Die »Magdeburger Blutbibel« befindet sich heute im Pfarrarchiv der Gemeinde Divi Blasii in Mühlhausen.

Söldner verwüsten mordend und plündernd ein Haus. Die Bürger Magdeburgs konnten nur durch Flucht in den Dom oder durch Gefangennahme ihr Leben retten.

Geiseln dann aus der Stadt brachte. Weil die Söldner sich von dieser Hilfe ein möglichst stattliches Lösegeld erhofften, wird diese Möglichkeit allerdings nicht allen Bürgern zur Verfügung gestanden haben. Von den Tausenden Einzelschicksalen und den Zufällen, die über Tod oder Leben entschieden, sind durch die wenigen Berichte derjenigen, die schließlich »Quartier« bei einem Soldaten erlangen konnten, nur Bruchstücke bekannt. Ein Magdeburger Geistlicher erzählt: »Meine Frau nahm einen meiner Priesterröcke über die Achsel, meine Magd aber nahm meines Nachbars Joachim Krögers Kind, welches vor der Tür war und sonst verbrannt wäre, auf den Arm und [wir] wanderten also davon.«[71] Ein anderer Bürger erinnert sich:

Meine Mutter aber wollte nicht mit uns, obwohl ich und meine Frau sehr baten; sie sagte, sie könne nicht alles lassen, sie wollte noch etwas bleiben. Wir aber mussten fort [...]. Meine liebe Mutter ist [...] in dem Elend geblieben, dass ich nicht weiß, wo sie hingegangen ist. Der allmächtige Gott gebe ihr fröhliche Auferstehung.[72]

Auch Familie Friese fand schließlich einen Soldaten, der sie aus der Stadt führte. Vermutlich handelte es sich bei ihm um einen Protestanten im Dienst des katholischen Feldherrn, was zur Rettung der Familie beigetragen haben dürfte.[73] Allerdings musste sich der Soldat für seine gute Tat nach der Rückkehr ins Lager Schelte von seiner Frau anhören: »Was den Teufel bringst du? Du bringst die Hütte voll Kinder; ich dachte, du brächtest Beute!«[74] Ihm bot sich aber an den folgenden Tagen noch die Möglichkeit, Wertgegenstände in den rauchenden Trümmern zu su-

Die Söldner machten bei der Erstürmung der Stadt Magdeburg reiche Beute. Gefangene Bürger konnten sich gegen Lösegeld wieder freikaufen.

chen, da die eroberte Stadt den Söldnern drei Tage zur Plünderung offen stand. Dabei konnte er reichlich »Geschmeide, Gold und köstliche leinene Geräte« zusammentragen. Von Daniel Friese und seiner Familie verlangte er für ihre Freilassung schlussendlich nicht einmal ein Lösegeld, er »sagte, Gott hätte ihm genug beschert«.[75]

Nicht alle Söldner konnten jedoch so gute Beute machen. Diejenigen, die beispielsweise wegen einer Verwundung an den Plünderungen nicht teilnehmen konnten, gingen leer aus. Aber auch für die anderen währte der Reichtum meist nur kurze Zeit, sie verkauften ihre erbeuteten Sachen zu einem Bruchteil des Wertes an Händler oder Marketender.[76]

Die Magdeburger Bluthochzeit

Die Eroberung der Stadt mündete in ein übles Gemetzel unter ihren Einwohnern, dem die meisten zum Opfer fielen. Ursache des Massakers war

Gewaltexzesse von Söldnern gegen die Bevölkerung. Bei der Eroberung Magdeburgs fanden so viele Zivilisten wie nie zuvor den Tod.

eine wütende Raserei der angreifenden Söldner, über deren Gründe sich nur Vermutungen anstellen lassen. Dazu beigetragen haben sicherlich die langen Wochen und Monate der Belagerung, die schlechte Versorgung der Söldner während dieser Zeit und die Aussicht auf reiche Beute in der großen Stadt sowie die hartnäckige Gegenwehr der Magdeburger, die auch unter den Angreifern einige Verluste forderte.[77] Die Söldner, allen voran die Pappenheimer, die seit einem halben Jahr vor Magdeburg gelegen hatten, brannten jedenfalls darauf, die Stadt zu erstürmen. Der Söldner Leonhard Wolff schrieb in einem Brief an seinen Vater: »Denn als man vermeint den 10./20. Mai sich des Walls zu bemächtigen, ist unser Volk so begierig gewesen, dass es gar angesetzt und also in einer Stunde die starke Stadt eingenommen worden.«[78]

Alle hatten unter den Gewaltexzessen der Söldner zu leiden, besonders die Frauen. Ein Bürger, der das Massaker überlebt hat, schildert folgenden Ausschnitt des schrecklichen Geschehens, einen Moment, als einige Magdeburger sich den heranstürmenden Truppen Pappenheims ergeben wollten:

Etliche so auf den Wällen noch gewesen / vnd vmb Quartier gebeten / haben es / wiewol gar schwerlich / Vnnd nicht von allen Tyllischen Soldaten erlanget / dann das Pappenheimische Volck / wie dan auch die Wallonen so vnter allen Unchristlichsten / vnd ärger als Türcken gewühtet / keinem leichtlich Quartier gegeben / Sondern haben mit Niederhawen / beydes der Weiber vnd kleinen Kinder / auch Schwangern Weibern in Häusern vnd Kirchen / auch an den Geistlichen Personen / also Tarannisieret vnd gewütet / das die andern Tillischen Soldaten / die zwarten in anderer Tyranney / ihnen nicht viel zuvor gegeben / darüber in abschew gehabt.[79]

Daniel Friese deutet das schlimme Geschehen ebenfalls an:

Wir sahen sehr viele Tote auf den Gassen, darunter etliche Weibspersonen ganz entblößt liegen. Sie waren mit dem Kopf in ein großen Braufass, so in der Gasse voll Wasser stand, gestürzt und ersäuft, hingen aber mit dem halben Leib und den Beinen heraus. Das war ein erbärmlich Schauspiel.[80]

Auch der Söldner Leonhard Wolff bestätigt die Beobachtungen: »Da es dann an ein jämmerliches Metzeln gegangen [...], was nicht zu Tode geschlagen, ist gefangen, die Jungfrauen elendig weggeführt [...]. Erschrecklicher hat es nicht zugehen können.«[81] Den Drangsalen zu entgehen war kaum möglich. Christoph Thodänus, damals Pfarrer an der Kirche St. Katharinen in Magdeburg, berichtete: »Als ich auf den Breiten Weg kam, sind etliche Frauen und Jungfrauen zu mir gelaufen und haben gefragt, was sie tun sollten. Denen habe ich geantwortet, ich wüsste jetzt keinen anderen Rat zu geben als fleißig zu beten.«[82]

Die Übergriffe auf Frauen waren noch in einem weiteren Sinne zentral. Das Motiv der vergewaltigten und entführten Jungfrauen war im Zusammenhang mit der Eroberung Magdeburgs von hoher symbolischer Bedeutung für die Propaganda beider Seiten. Es stand zuallererst als Synonym für die Eroberung insgesamt, weil die Stadt Magdeburg wegen ihres Namens und ihres Stadtwappens, das eine Frau mit Kranz auf den Zinnen der Mauer zeigt, auch als »Jungfrau« bezeichnet wurde. Die Jungfrauensymbolik basierte auf den Gründungsmythen der Stadt, wirklich in den Vordergrund trat sie aber erst Mitte des 16. Jahrhunderts, als die Stadt eine erste Belagerung erfolgreich abwehren konnte. Damals entstanden das Magdeburger Selbstverständnis als Bollwerk des Protestantismus und vermutlich auch das Stadtwappen mit der Jungfrau.[83] Diese verweigerte sich nun, achtzig Jahre später, erneut der katholischen Seite und ihrem Feldherrn Tilly, und zwar wiederum wehrhaft im Namen des konfessionellen Gegensatzes. Für die streng protestantische Mehrheit der Bürger bedeutete die Verweigerung gegenüber dem Kaiser die Bewahrung des eigenen wahren und reinen Glaubens. Dieser Gegensatz wurde in der Zeit des sich verschärfenden Konfliktes auf die Eigenwahrnehmung der Stadt projiziert. »Magdeburgs Selbstverständnis als einer ›keuschen‹ und ›reinen‹, von äußeren wie inneren Feinden begehrten, das heißt umworbenen Stadt, war ein Produkt jener Jahre.«[84] In der katholischen Propaganda wurde im Umkehrschluss die Stadt nicht als Magd oder reine Jungfrau, sondern als »Hure« dargestellt, die es zu züchtigen galt.[85]

Das Gemälde aus dem 19. Jahrhundert zeigt, wie die »Magdeburger Jungfrauen« sich auf der Flucht vor den schändenden und mordenden Söldnern des katholischen Heeres in den Tod stürzen.

Das Motiv diente schon vor und während der Belagerung zur Stilisierung der Auseinandersetzung. In der Belagerung selbst galt es nun für die Kaiserlichen, die »sündhafte Magd« zum rechten Glauben zurückzuführen. Ausdruck fand dieser Wille in den vielfach bezeugten Schlachtrufen »Maria« oder »Jesus Maria«, entsprechend der von den Katholiken besonders verehrten Jungfrau Maria, und nach erfolgreicher Einnahme der Stadt in der zumindest als Gerücht kursierenden Idee, die Stadt in Marienburg umzubenennen.[86] Die Exzesse der stürmenden Söldner erhielten angesichts dieser symbolisch aufgeladenen Konfrontation in der protestantischen Darstellung teuflische Züge wie im folgenden Ausschnitt:

Doch haben sie nebst den Pferden vnd etlichem Volcke / auch die Weiber vnd Jungfrawen mehrentheils / vnd etliche Mans Personen / mit sich in das Lager gefangen weg geführet / an Ketten geschlossen / die Weibspersonen daselbsten erbärmlichen / nach ihrer Teufflischen lust gebrauchet / das viel sonderlich kleine Mägdlein / von 10. oder 12. Jahren / derer sie gantz nicht verschonet / darüber des Todes sein müssen.[87]

In den Tagen nach dem Fall der Stadt feierten die siegreichen Söldner ihren Erfolg, was angeblich bereits von Tilly selbst mit der Metapher einer »Hochzeit« versehen wurde, so eine protestantische Propagandaschrift: »Darauff ist es an ein Fressen und Sauffen / drey gantzer Tage nach einander gangen / vnd als die Magdeburgische Hochzeit / wie sie vom Tylli also genennet / celebriret worden [...].«[88]

Aber auch die katholische Seite kostete das Ergebnis der Belagerung mithilfe dieser Metapher weidlich aus. Das Hochzeitsbild wurde in zahlreichen Flugschriften und Flugblättern ausgebreitet und paraphrasiert. Die katholische Propaganda gipfelte darin, den Schwedenkönig Gustav Adolf als »heuchlerischen Pseudoverteidiger« darzustellen, der dem »Bräutigam« Tilly die Jungfrau zur Vernichtung überreicht.[89]

Das Motiv der Jungfrau und des Bräutigams tauchte aber auch, positiv gewendet, in der schwedischen Propaganda wieder auf, diesmal mit Gustav Adolf als dem wahren Bräutigam und Helden, der letztlich doch Rache und Rettung verspricht: »O Jungfraw zart / hör / dein vnverfälschte Liebe / Damit du mir verknüpfft / biß in die Flamm verblieben. Soll nicht ungerochen seyn [...].«[90]

Welche Bedeutung die symbolische »Bluthochzeit« im direkten Aufeinandertreffen der einfachen Söldner und Bürgerinnen hatte, bleibt weitgehend der Spekulation überlassen. Eine sehr konkrete Dimension erreichte die Metapher von der »Magdeburger Bluthochzeit« aber in einigen bezeugten Trauungen zwischen ledigen Magdeburger Frauen in Gefangenschaft und Söldnern des siegreichen Heeres. Für die einen bedeutete die Hochzeit wahrscheinlich eine Möglichkeit aus der Gefangenschaft herauszufinden, die anderen fanden auf diese Weise eine Frau, was wegen ihres niedrigen sozialen Status als Söldner sonst nicht einfach war.[91]

Propaganda um die Schlacht

Die Zerstörung einer so großen Stadt, wie Magdeburg es war, stellte selbst zu dieser Zeit, als Brandschatzungen und Plünderungen, Mord und Totschlag an der Tagesordnung waren, ein unerhörtes Ereignis dar. Dörfer und kleine Städte fielen den marodierenden Heeren fast täglich zum Opfer und wurden verwüstet. Magdeburg war jedoch eine stolze Stadt und Hochburg des Protestantismus. Eine außergewöhnliche Reaktion der Öffentlichkeit war die unvermeidbare Folge ihrer Zerstörung. Ein wahrer Propagandasturm brach los.[92]

In vielen Zeitungen und zahllosen, teils illustrierten Flugblättern wurden die Geschehnisse von Magdeburg in ganz Europa öffentlich gemacht.

Es berichtete sowohl die katholische wie die protestantische Seite über das schreckliche Blutbad und die Verwüstung durch das Feuer. Im Allgemeinen wurde das Mittel der Propaganda und Publizistik auf katholischer Seite aber deutlich seltener eingesetzt. Für die ungleiche Verteilung existierten im Wesentlichen drei Gründe: zunächst die katholisch-kirchliche Praxis, die Laien aus theologischen Diskussionen ausschloss, weshalb öffentliche Diskussionen wohl als unnötig angesehen wurden. Aufseiten der Protestanten bestand außerdem ein Bedürfnis nach Legitimation der eigenen Position, da man im Vergleich zur über 1 600-jährigen Geschichte der katholischen Seite eine junge Konfession ohne Tradition war. Und schließlich, ebenfalls auf protestantischer Seite, fehlte eine Integrationsfigur, die mit Gustav Adolf als Widerpart zum katholischen Kaiser erst aufgebaut werden musste.[93] Das Übergewicht der protestantischen Propaganda schuf eine öffentliche Meinung, die den katholischen Sieg in Magdeburg zur moralischen Niederlage werden ließ. Es braucht kaum die Analyse des Historikers, um zu verstehen, dass es der besiegten Seite darum ging, den »Beobachtern in London, Paris, Amsterdam, Stockholm, Rom und Madrid die Augen dafür [zu öffnen], wie der Kaiser seine protestantischen Untertanen behandelte«.[94]

Das Ergebnis der Schlacht wurde auf beiden Seiten als ein göttliches Zeichen gewertet. Ackermann, der Protestant in katholischen Diensten, erkannte darin »gottes sonderbare Allmacht und Strafe«.[95] Die katholische Propaganda betrachtete es zudem als Zeichen der Richtigkeit ihrer Lehre.[96] Auf protestantischer Seite sah man allein die Strafe Gottes, schöpfte aber auch Hoffnung, wie in folgendem Magdeburger Bericht:

Das ist merklich zu spüren / das vns Gott also vmb vnserer vielfältigen Sünden willen / hat heimbsuchen wollen. Verhoffen aber / wir / die wir noch das blosse Leben auß dieser Stadt gebracht / Es soll sein gerechter Zorn / [...] auffhören.[97]

Unabhängig von der konfessionellen Position wurde Magdeburgs Zerstörung mit antiken und biblischen Ereignissen verglichen, wie den Zerstörungen Roms, Jerusalems und Trojas sowie den Schrecken von Sodom und Gomorrha.[98] Die protestantische Propaganda unterstellte dabei der katholischen Seite, sie habe die Schrecken mit Genugtuung wahrgenommen. Ansatzpunkt für diese Argumentation war, dass auf katholischer Seite zunächst Erleichterung und Freude über das für sie

Das zeitgenössische Flugblatt zeigt Tilly vor der belagerten Stadt Magdeburg, deren Zerstörung als Strafe Gottes interpretiert wird.

erfolgreiche Ende der Belagerung herrschten.[99] Das ist einigermaßen verständlich, wenn man bedenkt, dass die Söldner und Offiziere monatelang vor Magdeburg in den Gräben gelegen und gelitten hatten. Ein Teil der positiven Reaktionen im katholischen Hinterland war aber wohl auch auf den Mangel an detaillierten Informationen zurückzuführen, das Ausmaß der Verwüstung war schlicht nicht sofort bekannt.[100] Aber selbst unter den Söldnern des Tillyschen Heeres gab es Stimmen, die den Untergang Magdeburgs bedauerten, wie Georg Ackermann, der nach dem Sturm »gegen die Stadt mit Seüfftzen«[101] sah. Die Frage, ob die katholische Seite das Geschehene bejubelte oder betrauerte, entfachte eine Kontroverse, die auch Historiker lange Zeit beschäftigte. Heute wird davon ausgegangen, dass beide Aspekte ihre Rolle gespielt haben werden.[102]

Angesichts der schlimmen Verheerungen rückte für die katholische Seite bald die Frage nach der juristischen Rechtmäßigkeit ihres Vorgehens in den Vordergrund. Die aufgeschreckte Öffentlichkeit im Reich verlangte nach einer Begründung.[103] Diese beizubringen erwies sich als nicht sonderlich schwer. Sowohl in öffentlichen Verlautbarungen als auch in nicht öffentlicher Korrespondenz tauchte Magdeburg immer wieder unter dem Stigma des »Reichsrebellen« auf, der, wie Tilly zum Beispiel an den Kaiser schrieb, »zu Gehorsam gebracht worden« war. Der Einsatz militärischer Gewalt war also prinzipiell legitim, zumal sich die Stadt mehrfach dem Angebot Tillys, einem »Accord« zuzustimmen, verweigert hatte. Dadurch hatte Magdeburg offen und feindlich gegen den Kaiser Position bezogen – die Erstürmung und mit ihr die Plünderungen entsprachen so dem geltenden Kriegsrecht. Das Argumentation des »Reichsrebellen« war schon vor und während der Belagerung zu deren Rechtfertigung herangezogen worden. Magdeburg hatte dies, wie im folgenden Ausschnitt einer offiziellen Verlautbarung, stets mit der Begründung zurückgewiesen, die Stadt halte sich nur an den Augsburger Religionsfrieden, »und es könne doch kein getreuer Patriot annehmen, dass das höchste Haupt des Reiches sich nicht an seine Capitulationes gebunden fühlen wolle«.[104] Damit bezogen sich die Magdeburger aber auf die protestantische Lesart des Religionsfriedens, die Katholiken konnten sie damit kaum beeindrucken.

Daneben schaffte es die protestantische Seite aber, einen wirklichen Schwachpunkt der katholischen Argumentation zu entlarven und genau in diesen stieß nun die Propaganda. Um das Phänomen Gewalt juristisch zu erfassen, unterschied man in der Frühen Neuzeit zwischen den Rechtsbegriffen *potestas* und *violentia*.[105] Die Begründung der Katholiken stützte sich auf den Einsatz von *potestas* im Sinne der Durchsetzung von Herrschaft, die dem modernen Verständnis von staatlicher Gewalt sehr ähnlich ist. Diese rechtfertigte zwar prinzipiell die Erstürmung und Plünderung Magdeburgs.

Nicht begründet hatte man damit jedoch die Tötung von Frauen, Kindern, Geistlichen und Greisen – diese fiel unter *violentia*, der schlichten Gewalttätigkeit, und war damit nicht legitim. Der Historiker Michael Kaiser meint dazu, »dass just diese Unterscheidung ›in prima furia‹ [im Eifer des Gefechts] nicht gemacht wurde, war der Ansatzpunkt für die moralische Diskreditierung der siegreichen Armee«.[106] Im Untertitel eines protestantischen Berichtes der Erstürmung heißt es darum zum Beispiel:

Welcher gestalt die Stadt Magdeburg den 10. May von dem Graffen Johan von Tilly erobert / wie grewlich man allda biß auff den 18 dito mit morden / rauben / brennen / Frawen vnd Jundfrawen schänden / neben andern unchristlichen doch Jesuitischen Boßheiten / die Stadt erbärm: vnnd jämmerlich ruinirt worden.[107]

Wenigstens ein Teil der Taten des katholischen Heeres wurde also als »unchristlich« und »erbärmlich« dargestellt. Man muss sich bei dieser Bewertung aber vor Augen halten, womit man es wirklich zu tun hat: einer juristischen Differenzierung von Gewalt, die in den Gassen von Magdeburg letztlich Folge ein und desselben soldatischen Handwerks war.

Vor allem die Schweden führten in den folgenden Jahren einen massiven Propagandafeldzug gegen ihre katholischen Gegner. Zunächst galt es für sie aber, vom eigenen Missgeschick abzulenken: immerhin hatte man die verbündete Stadt, entgegen der eigenen Versprechen, nicht aus der Belagerung befreit. Das erforderte eine Begründung, die auch geliefert wurde: Die schwedische »Königliche Majestät« hatte »allen ihren Menschmüglichen Fleiß / zu behueff der Stadt Magdeburg / angewandt«, wurde jedoch »wider ihren willen davon behindert / off vnd zurück gehalten«, weshalb »es werde kein Mensch [...] zufinden seyn / der I.K.M. des nicht erfolgten Entsatzes wegen vngutlich verdencken kan noch mag«.[108] Mit diesen Worten begann der schwedische Bericht, der die Verzögerung der Hilfe Gustav Adolfs als eine Verkettung widriger Umstände erscheinen lässt, die dazu führte, dass das schwedische Heer nicht rechtzeitig vor Magdeburg eintraf. Diese Schrift erreichte dank einer hohen Auflage beachtlichen Einfluss auf die Meinungsbildung der Menschen.

Ihren Höhepunkt erreichte die schwedische und protestantische Propaganda jedoch erst nach der Schlacht bei Breitenfeld im September 1631. Die vernichtende Niederlage des katholischen Heeres bot die Möglichkeit, den Sieg auch publizistisch zu verwerten. Tiefgründige juristische, moralische oder militärstrategische Erörterungen, wie sie nach Magdeburg nötig waren, um die Situation zu erklären und aus protestantischer Sicht wenigstens zum Teil positiv zu wenden, waren nun nicht mehr nötig. Hohn und Spott für die besiegten Katholiken, die sich im ersten Kriegsjahrzehnt und nach Magdeburg mit göttlicher Unterstützung noch auf der Straße des militärischen und moralischen Siegers wähnten, machten sich in satirischen Flugblättern der Protestanten Luft. Der Sieg bei Breitenfeld wurde darin zur protestantischen Antwort auf die Zerstörung Magdeburgs erhoben.[109] Der Dreißigjährige Krieg hatte nicht nur in militärischer Hinsicht eine Wendung erfahren, sondern auch in der Auseinandersetzung um seine Deutung.

Magdeburg nach der Belagerung

Am 12. Mai befahl Tilly, die Plünderung einzustellen. Die Legende erzählt, dass ihm am gleichen Tag, an dem der Dom geöffnet wurde, dessen Pastor entgegengetreten sei und mit ergreifenden Worten um Gnade für die Überlebenden im Dom gebeten haben soll. Zwischen 2000 und 4000 Magdeburger sollen in dem Gotteshaus ihr Leben haben retten können. Auch den wenigen, die sich noch in den Trümmern der Stadt versteckt hielten, wurde nun freies Geleit versprochen. Gering war aber die Zahl derjenigen, die auf diese Weise dem Morden entronnen waren.

Die Stadt bot nach der Eroberung einen grauenvollen Anblick. Nur wenige Häuser hatte die Feuersbrunst verschont. Übel zugerichtete Leichen türmten sich in den Straßen und Kellern, das Feuer hatte »nit anders als gebratnes fleisch«[110] zurückgelassen, wie ein bayerischer Beobachter erzählte. Für die überlebenden Magdeburger gab es in diesem Trümmerfeld keine Lebensgrundlage mehr. Die Stadt war laut Söldner Leonhard Wolff »auf den Grund ausgebrannt, dass manch' Uebergebliebener die Stätte, da sein Haus gestanden, nicht zu finden weiß«.[111] Die meisten Überlebenden verließen die Ruinen für immer:

Unter dessen tragen wir Arme vnd gantz Nackende / betrübte Exulanten der gänzlichen Hoffnung / es werden sich vnser un vnser armen Kinder / gedachte Evangelische Bundesverwandten / hertzlichen erbarmen / un einer oder dem andern / mit Christlicher auffnehmung wiederumb ergetzen.[112]

Familie Friese gelangte zum Beispiel in einer wahren Odyssee nach Halberstadt, wo sie bei Bekannten und Freunden Unterkunft fand.[113] Ein Jahr nach der Katastrophe wurden von den einst 35 000 Einwohnern Magdeburgs noch 449 gezählt.[114] Von Glanz und Größe war nichts übrig geblieben als die Erinnerung.

Die vielen Toten in der Stadt ordentlich zu begraben, war angesichts ihrer Masse ein unmögliches Unterfangen. »Wie man dann noch täglich sucht«, so schreibt Wolff darüber, »ist aber, weil die Keller bereits zumteil verfallen sind, noch nicht die Hälfte gefunden. Es sind in die 8 000 Menschen die Zeit über in die Elbe geworfen worden.«[115] Wahrscheinlich war das Vorgehen der siegreichen Armee dem Pragmatismus geschuldet. Der Strom sollte die Leichen fortspülen, für die es keine Totengräber gab. Der protestantischen Propaganda bot es dennoch ein willkommenes Argument für ihre Bewertung der Schlacht. Eine Schrift prangerte an:

so hat doch Tylli wider alle alte Kriegsmanier vnnd Gebrauch / auß einem Unchristlichen vnnd Teufflischem Eyuer / den armern Cörpern die Erde nicht gegönnet / Sondern sie also Fuderweise nach der Elbe zu führen / vnnd ins Wasser werffen lassen.[116]

Einige unverzagte Bürger begannen dennoch mit dem Wiederaufbau der Stadt. Von ihnen erlangte der Ratsherr und spätere Bürgermeister Otto von Guericke die größte Bekanntheit. Zu den ersten unmittelbar notwendigen Maßnahmen gehörten das Herrichten von Wohnraum, die Wiederherstellung des städtischen Lebens und die Schaffung neuer wirtschaftlicher Grundlagen. Diese Bemühungen, das Nötigste zu organisieren, nahmen Jahre in Anspruch. Daneben stand aber auch das Geltendmachen der wirtschaftlichen und politischen Rechte Magdeburgs ganz oben auf der Prioritätenliste.

Guericke, der als Diplomat in Diensten der Stadt in den Jahren nach 1642 mit zahlreichen Missionen betraut wurde, gelangen einige beachtliche Erfolge. Dazu zählen der Abzug fremder Besatzungen aus der Stadt und die Bestätigung der alten Privilegien.[117] Das entscheidende Ziel, die Reichsunmittelbarkeit zu erhalten, konnte aber weiterhin nicht erreicht werden. In den Verhandlungen zum Westfälischen

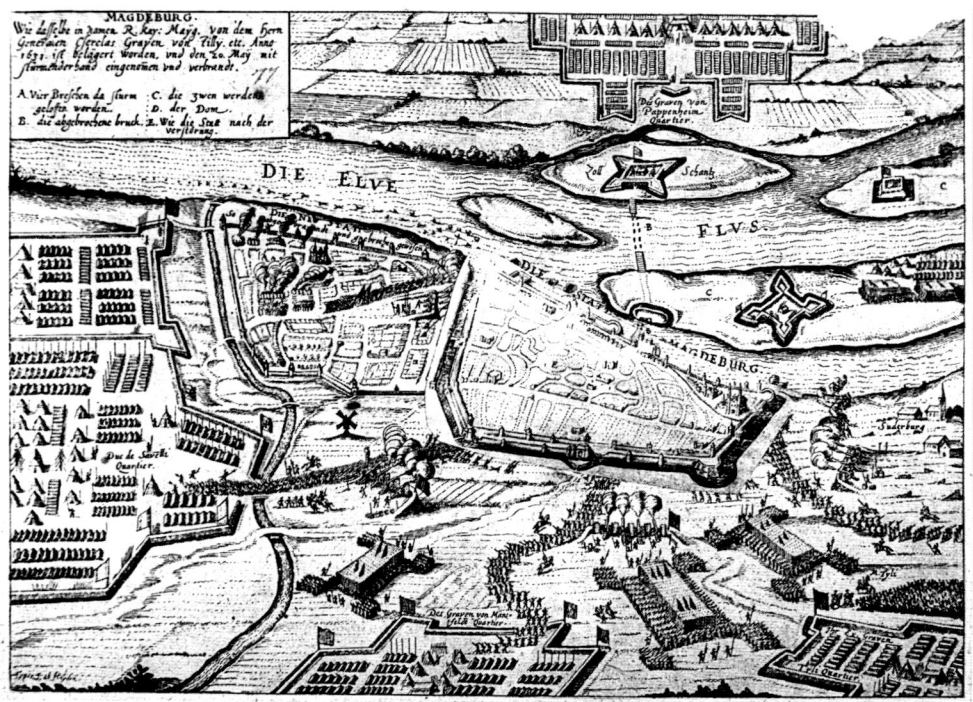

Die zerstörte Stadt Magdeburg dargestellt auf einem zeitgenössischen Kupferstich. Nur der Dom und einige angrenzende Gebäude überstanden die Erstürmung der Stadt am 10. Mai 1631 unbeschadet.

Frieden erwies sich Magdeburg als zu schwach, um seine Interessen vollständig durchzusetzen. Dort wurde beschlossen, dass die Stadt und ihr Gebiet Brandenburg zufallen sollten.

Ob Magdeburg seine Unabhängigkeit ohne die Katastrophe von 1631 hätte wahren können, scheint indes fraglich. Die Flächenstaaten gewannen damals im ökonomischen und militärischen Wettbewerb gegenüber den Städten die Oberhand. Nur wenige, wirtschaftlich sehr starke Städte konnten sich einer Einverleibung dauerhaft erwehren. Dass Magdeburg diese ökonomische Kraft nicht (mehr) besaß, zeigte sich beispielhaft in den dauernden Streitigkeiten zwischen Rat und Bürgerschaft um die Finanzierung des Auf- und Ausbaus der Verteidigungsanlagen.[118] 1666 zwang der Kurfürst von Brandenburg die Stadt schließlich unter Androhung militärischer Gewalt zur Aufnahme einer brandenburgischen Garnison. Magdeburg wurde nach der Eingliederung zur wichtigsten Festungsstadt Brandenburgs ausgebaut. Etwa 200 Jahre dauerte es, bis die Stadt wieder ähnlich viele Einwohner zählte wie zu Beginn des 17. Jahrhunderts. Ihre alte Bedeutung erreichte sie jedoch nie wieder.

Der Westfälische Frieden

Der Dreißigjährige Krieg verlief seit dem Eingreifen der beiden europäischen Großmächte Schweden und Frankreich (offener Kriegseintritt 1635) gänzlich anders als während der ersten zwölf Jahre. Die katholische Seite aus Kaiser und Liga geriet nach den politischen und militärischen Erfolgen der ersten Kriegsphasen mehr und mehr in die Defensive, was sie letztlich von der Notwendigkeit, Frieden zu schaffen, überzeugte.

Erste Verhandlungen zwischen dem Kaiser, den Reichsständen, Schweden und Frankreich begannen Ende des Jahres 1644 in den westfälischen Städten Münster und Osnabrück. Die Diplomaten hatten sich dabei über höchst komplizierte Probleme zu verständigen: die Auflösung der Kriegsbündnisse, die Gebietsforderungen Frankreichs und Schwedens, die Restitution entmachteter Reichsfürsten, Entschädigungen und nicht zuletzt die kirchlichen Streitfragen. Wegen der vielen schwierigen Punkte zogen sich die Verhandlungen vier Jahre hin. Während dieser Zeit wurde immer noch gekämpft. Als man schließlich am 24. Oktober 1648 den Friedensvertrag unterzeichnete, standen noch Tausende bewaffnete Söldner im Reich.

Die Bestimmungen des Westfälischen Friedens riefen jedoch den Protest des Papstes hervor, weil der Vertrag zwar politische Übereinkünfte enthielt, die strittigen religiösen Fragen aber nicht gelöst wurden. Aus der Perspektive des konfessionellen Streits war der Frieden »ein vorläufiger Kompromiss [...], der einem besseren, endgültigen Frieden in der Christenheit den Weg bereiten sollte«.[119]

Wie konnte der Vertrag unter diesen Umständen eine Ordnung stiften, die für viele Jahrzehnte tatsächlich die Waffenruhe im Reich und in Europa sicherte? Das Paradox löst sich auf, wenn man der Bewertung der Historikerin Claire Gantet folgt, dass nicht die Lösung der grundlegenden Konflikte, sondern der Krieg selbst das entscheidende Symbol war, das den Weg wies. »Der Frieden wurde durch die Erinnerung an den Krieg gestiftet.«[120] Die Erinnerung wiederum wurde wesentlich vom Mythos Magdeburg getragen. Die Schrecken des Krieges, die ihren Höhepunkt, aber lange nicht ihren Endpunkt im Untergang der Stadt fanden, dienten nun in der kollektiven Erinnerung dazu, den nachgeborenen Generationen die überwältigenden Vorteile eines friedlichen Miteinanders vor Augen zu führen.

Weil für die Beschreibung der brutalen Realität die passenden Worte fehlten, kleidete man die Berichte in mythische Bilder. Der

In zeitgenössischen Darstellungen wird der Krieg als Ungeheuer dargestellt, das Leid und Elend über das Land bringt.

Krieg wurde als Ungeheuer dargestellt, als Kreatur, welche die Fantasie nicht schrecklich genug zeichnen konnte. Die Erinnerungen der einfachen Menschen, der Handwerker, Söldner, Frauen und Kinder bildeten Erschütterndes ab, die Sprachgewalt der barocken Dichter trug ein Übriges bei. Das folgende Gedicht von Andreas Gryphius gilt noch heute als Symbol der Schrecken des Dreißigjährigen Krieges:

Wir sindt doch nuhmer gantz / ja mehr den gantz verheret!
Der frechen völcker schaar / die rasende posaun
Das vom blutt fette schwerdt / die donnernde Carthaun
Hatt aller schweis / vnd fleis / vnd vorrath auff gezehret.
Die türme stehn in glutt / die Kirch ist vmbgekehret.
Das Rahthaus liegt in graus / die starcken sind zerhawn.
Die Jungfrawn sindt geschändt / vnd wo wir hin nur schawn
Ist fewer / pest / vnd todt der hertz vndt geist durchfehret.
Hier durch die schantz vnd Stadt / rint alzeit frisches blutt.
Dreymall sindt schon sechs jahr als vnser ströme flutt
Von so viel leichen schwer / sich langsam fortgedrungen.
Doch schweig ich noch von dem was ärger als der todt.
Was grimmer den die pest / vndt glutt vndt hungers noth
Das nur der Selen schatz / so vielen abgezwungen.[121]

Die Erinnerungskultur zielte vor allem auf die Erziehung der Jugend. Sie hatte während des Krieges ein Übermaß an Gesetzlosigkeit, Gewalt und Willkür als alltäglich kennen gelernt, das man nun zu korrigieren versuchte.

Die in den Jahren der Rückkehr zum Frieden verfassten Reden prangerten an, wie die Soldaten die Jugend verdorben hatten, und die Soldaten wurden, gerade weil sie immer noch zum alltäglichen Bild gehörten, als fremde, krankmachende, anti-deutsche Eindringlinge beschrieben. Um die jungen Seelen zu beeindrucken, wurden zu den Schulfeiern anlässlich des Friedensschlusses aufrüttelnde Ansprachen verfasst, in denen vom Meer der menschlichen Sünden die Rede war, die von den ausländischen Soldaten bestraft wurden, von dem Gemetzel in Magdeburg und von der im Religionsfrieden wieder erstandenen Einheit des Vaterlandes.[122]

Die Schrecken der Vergangenheit sollten den Weg in eine hoffnungsvollere Zukunft weisen. Magdeburgs Schicksal wurde dabei zum Symbol, weil es wegen des großen publizistischen Echos den Menschen auch in jenen Gebieten bekannt war, die – da die einzelnen Regionen ganz unterschiedlich vom Kriegsgeschehen betroffen waren – kaum je einen Söldner zu Gesicht bekommen hatten. Die ungleichen Erfahrungen der Menschen wurden in der Erinnerung durch bedeutende Symbole des Krieges wie Magdeburg überlagert. Wegen dieser selektiven Erinnerungskultur gingen reale historische Erfahrungen verloren. Zum Beispiel wollte man nicht an die Differenzen und widerstreitenden Interessen erinnern, die die tatsächlichen Ursachen des Kriegs gewesen waren. Zwei Aspekte spielten für die Durchsetzung der selektiven Erinnerung eine tragende Rolle: zum einen die Besinnung auf die Idee des Friedens, die als universell-christlich angesehen wurde – der konfessionelle Zwist sollte hinter diesem einigenden Gedanken zurückstehen. Zum anderen wendete man sich gegen einen alten äußeren Feind, den Nichtchristen – in der europäischen Welt des 17. Jahrhunderts waren das die Türken.[123]

Der Westfälische Frieden bedeutete mehr als nur den Abschluss eines Krieges. Er schuf eine neue Ordnung gleichberechtigter, souveräner Staaten. Die Fürsten des Reiches erhielten das volle Bündnisrecht, mit der geringen Einschränkung, dass sie sich nicht gegen Kaiser oder Reich zusammenschließen durften. Die Neuausrichtung wirkte aber nicht nur innerhalb des Reiches. Weil die beiden europäischen Großmächte Frankreich und Schweden über ihre Besitzungen im Reich auch Teil an den Bestimmungen des Vertrages hatten, griffen die Konsequenzen

»Möchte der allerhöchste Weltregierer nie wollen, dass die Menschheit dergleichen Angst- und Schreckensszenen wieder erlebe, als die guten Bewohner Leipzigs im Jahre 1813«, hoffte Johann Daniel Ahlemann, der Totengräber des Leipziger Johannisfriedhofs.[1] Für drei Tage war Leipzig, eine Stadt mit damals rund 33 000 Einwohnern, zum Zentrum einer Schlacht ungeahnten Ausmaßes geworden. Die Leipziger Völkerschlacht vom 16. bis 19. Oktober 1813 war mit über einer halben Million beteiligter Soldaten die bis dahin größte Schlacht aller Zeiten. Der französischen Armee unter Napoleon Bonaparte standen die verbündeten Armeen Österreichs, Preußens, Russlands und Schwedens gegenüber. Am Ende der Kämpfe wurde Napoleon in die Flucht geschlagen.

Unvorstellbar war die Zahl der Opfer: Die Verbündeten zählten 54 000 Tote, die französische Armee hatte 37 000 Todesopfer zu beklagen. Sie alle mussten in Leipzig zumeist notdürftig in Massengräbern bestattet werden, um das Ausbrechen von Seuchen zu verhindern. Chirurgen arbeiteten noch Tage nach der Schlacht im Akkord, um der vielen Verletzten Herr zu werden. Kirchen wurden notdürftig zu Lazaretten umfunktioniert. Für Leipzig wurde die Völkerschlacht zum gravierendsten Einschnitt der Stadtgeschichte seit dem Dreißigjährigen Krieg und für viele Bewohner zur prägendsten Zäsur ihres Lebens.

Der Völkerschlacht-Mythos

Inwieweit die Leipziger Schlacht als politischer Wendepunkt angesehen werden kann, ob ihr überhaupt entscheidende Bedeutung zuzumessen ist – dies ist abhängig davon, aus welcher Perspektive man auf dieses

Ereignis schaut. In Frankreich zum Beispiel ist die Völkerschlacht fast unbekannt. In den meisten Napoleon-Biografien wird sie gar nicht oder nur am Rande erwähnt. Als Anfang von Napoleons Niedergang wird der Russlandfeldzug der »Grande Armée« angesehen. Als diese 1812 in Moskau einmarschierte, brannte die Stadt wie eine Fackel und hatte den einrückenden, dringend Quartier verlangenden französischen Soldaten nichts mehr zu bieten als niedergebrannte Häuser. Napoleon gab damals niedergeschlagen zu Protokoll: »Das ist das Vorzeichen großen Unglücks.«[2] Der anschließende, zudem verspätet begonnene Rückzug aus Russland besiegelte die Tragödie: Beim Übergang der französischen Armee über den zugefrorenen Fluss Beresina sprengten russische Granaten das Eis auf. Viele Soldaten ertranken mit ihrer gesamten Ausrüstung im kalten Wasser. Die französische Armee war geschlagen – wenn auch nicht in einer Schlacht.

Als absoluter Endpunkt von Bonapartes Karriere gilt die Schlacht bei Waterloo am 18. Juni 1815, die über Napoleons Niederlage hinaus zum Synonym für die Niederlage schlechthin wurde. Zwischen diesen

Napoleon I.

Napoleon I., von 1804–1814/15 Kaiser der Franzosen. Napoleon Bonaparte gilt bis heute als eines der größten militärischen Genies aller Zeiten.

Napoleon Bonaparte gilt bis heute als eines der größten militärischen Genies aller Zeiten. Er wurde am 15. August 1769 als Napoleone Buonaparte (korsisch Nabulione) in Ajaccio auf Korsika geboren. Als Junge begann er, ausgestattet mit einem königlichen Stipendium, seine Ausbildung auf einer Kadettenschule. Bereits mit 16 Jahren wurde er Leutnant der Artillerie. Seine Vorbilder waren Alexander der Große, Julius Caesar und Friedrich II. von Preußen.

beiden Ereignissen, dem Rückzug aus Russland und der Niederlage bei Waterloo, gab es noch eine ganze Reihe weiterer Schlachten. Einige von ihnen konnte Napoleon sogar gewinnen. Nach zwischenzeitlicher Abdankung und der Verbannung auf die Insel Elba war es ihm sogar gelungen, Frankreich wie im Triumphzug zu erobern, hinter sich zu vereinen und die Alliierten ein weiteres Mal herauszufordern. Was für eine Bedeutung sollte da, aus französischer Perspektive, die Schlacht bei Leipzig haben, selbst wenn es sich objektiv gesehen um die größte Schlacht handelte, die die Welt je gesehen hatte? Schon Napoleon war unmittelbar nach der Schlacht darum bemüht, die Schwere der Niederlage zu vertuschen. Liest man als einzige Quelle das Bulletin der französischen Armee, dann gewinnt man den Eindruck, es habe sich bei der auf die Schlacht folgenden, verlustreichen Flucht der französischen Armee um eine Art siegreichen Abzug gehandelt.[3] Die französische Sicht auf die Völkerschlacht ist also ein Versuch, die Bedeutung des Ereignisses weitestgehend zu negieren. Einen legendenhaften Status hat die Völkerschlacht in Frankreich insofern nicht entwickeln kön-

Als 1789 die Französische Revolution ausbrach, emigrierte Napoleon nicht wie viele andere Offiziere, sondern bekannte sich zur Republik. 1793 befreite er Toulon von royalistischen Truppen und wurde daraufhin zum Brigadegeneral ernannt. In zahlreichen Feldzügen stellte er seine Fähigkeiten als Kommandeur unter Beweis. Bei seinem Ägyptenfeldzug 1798 nahm er als selbstverständlicher Förderer der Aufklärung Gelehrte mit. Der Stein von Rosetta ist der bekannteste Fund dieser Expedition.

Als im November 1799 in Frankreich ein starker Mann gesucht wurde, um die Republik vor Angriffen von Royalisten und Neojakobinern zu schützen, machte er sich mit einem Staatsstreich, der unter dem Datum des französischen Revolutionskalenders als »18. Brumaire VIII« in die Geschichte einging, zum faktischen Alleinherrscher Frankreichs.

Nach außen trat er als Bewahrer des Erbes der Französischen Revolution auf. Als »Erster Konsul« brachte er dauerhafte Reformen im Bildungswesen, in der Verwaltung und in der Rechtsprechung auf den Weg, die von den aufgeklärten Kreisen überall in Europa mit großem Beifall aufgenommen wurde. Erst mit seiner Krönung zum Kaiser der Franzosen am 2. Dezember 1804

nen – doch ihre Nichtbeachtung dient dazu, den Mythos Napoleons unbeschädigt zu lassen.

In Deutschland jedoch ist diese Schlacht zum entscheidenden Markstein der napoleonischen Kriege geworden. Dies lässt sich nicht aus dem militärischen Verlauf allein erklären. Es hängt vor allem mit der Wirkung zusammen, die diese Schlacht nach innen, auf das deutsche Nationalbewusstsein hatte. Der Sieg bei Leipzig 1813 beendete, was als Fremdherrschaft Napoleons auf deutschem Boden empfunden worden war. Und es schien ein Anfang gemacht, die deutsche Kleinstaaterei zu überwinden.

Der Name für diese Schlacht im Rahmen der so genannten Befreiungskriege war schnell gefunden: Völkerschlacht. Der preußische Offizier Karl Friedrich von Müffling prägte ihn. Er hatte dabei wohl noch an den alten Begriff des Kriegsvolks gedacht. Völker waren in dieser Diktion die Truppen absolutistischer Herrscher, die vom Willen der Kabinette abhingen. Die Zeitgenossen bezogen den Begriff aber eher auf die europäischen Nationen, die den Befreiungskampf gegen Napoleon aufgenommen hatten, und auf das deutsche Volk, das endlich

begann die öffentliche Meinung sich gegen ihn zu wenden. Ludwig van Beethoven soll, als er von der Kaiserkrönung erfuhr, das Deckblatt seiner Napoleon gewidmeten dritten Symphonie zerrissen und gerufen haben: »Ist der auch nur ein gewöhnlicher Mensch? Jetzt wird er alle Menschenrechte mit Füßen treten und ein Tyrann werden.«

Bereits im Jahr zuvor hatten mit der englischen Kriegserklärung an Frankreich die so genannten napoleonischen Kriege begonnen, die zunächst große Erfolge für Napoleon brachten. In wenigen Jahren gelang es dem Regenten, fast den gesamten europäischen Kontinent zu erobern. Erst mit dem Russlandfeldzug der französischen Armee 1812 begann der Niedergang.

1814 musste Napoleon nach einer Reihe von Niederlagen das erste Mal abdanken. Er ging ins Exil auf die Insel Elba im Mittelmeer. Ein Jahr später riss er erneut die Herrschaft an sich. Am 1. März 1815 kehrte er aufs Festland zurück. Die Armeen, die ihn aufhalten sollten, schlossen sich ihm an. Nach der Schlacht bei Waterloo am 18. Juni 1815 wurde er gefangen genommen und auf die Insel St. Helena im Südatlantik verbannt. Dort starb er am 5. Mai 1821.

»aufgestanden« war und zumindest für den Moment »geeint« schien. In dieser Bedeutung wurde der Tag des Sieges, der 18. Oktober 1813, zu einem symbolischen Datum, das im Gedenkkalender der Deutschen bis weit ins 20. Jahrhundert einen festen Platz hatte[4] – und einige der Personen, die an dieser Deutung der Völkerschlacht maßgeblichen Anteil hatten, wie der Schriftsteller Ernst Moritz Arndt, der Dichter Theodor Körner und der »Turnvater« Friedrich Ludwig Jahn, haben bis heute ihren festen Platz in deutschen Geschichtsbüchern als Vorkämpfer der deutschen Einheit.

Die Entstehung der deutschen Nationalbewegung

Das Verhältnis der Deutschen zu Napoleon war zu Beginn seiner Herrschaft und seiner Eroberungszüge keineswegs von Ablehnung, sondern eher von großer Bewunderung geprägt. Sein Triumph hatte etwas Rauschhaftes und Fantastisches. In der Erwartung, dass er eine europäische Universalmonarchie schaffen würde, die die Willkür der absolutistischen Herrscher beseitigen und die territoriale Zersplitterung überwinden würde, traf er auf eine breite und begeisterte Zustimmung. Vergleiche mit Friedrich dem Großen, mit Caesar und Augustus wurden bemüht. Als Napoleon im Herbst 1804 eine Reise durch das Rheinland machte, wurde er von der Bevölkerung umjubelt, »die begeisterten Menschen spannten sogar die Pferde des Wagens des Kaisers aus und zogen den Wagen durch die Straßen«, so jedenfalls beschrieb es ein zeitgenössischer Chronist.[5]

Von »Befreiungskriegen« gegen Napoleon konnte noch keine Rede sein; »Sieger«, »Friedensstifter« und »Befreier« – das waren die Bezeichnungen, mit denen Napoleon bedacht wurde. Neben der Person war es vor allem der unter seiner Herrschaft eingeführte *Code civil*, der als »Urform« des bürgerlichen Gesetzbuches in Frankreich und den von Napoleon besetzten Gebieten für Rechtssicherheit sorgte. Als »zu vollendende Geschichte« machte er Hoffnung auf einen modernen Verfassungsstaat jenseits der Willkür absolutistischer Herrscher, von denen Deutschland in seiner territorialen Zersplitterung mehr als genug hatte.[6]

Zwei Ereignisse von großer symbolischer Bedeutung im Jahre 1806 waren jedoch entscheidend dafür, dass sich die deutsche Nationalbewegung *gegen Napoleon* zu formieren begann. Bei dem einen handelte es sich um den Untergang des so genannten »Alten Reiches«, des »Heiligen Römischen Reiches Deutscher Nation«, das seit dem Mittelalter bestanden hatte. In diesem war dem Mythos zufolge das Römische Reich aufgegangen und das römische Kaisertum auf die Deutschen übertragen worden. Als mächtige Einheit hatte das Reich schon lange aufgehört zu funktionieren; es existierte nur noch ein mehr schlecht als recht organisierter Staatenbund.

Napoleon gab diesem deutschen Reich im Sommer 1806 den Todesstoß. Wie ein Vorgriff auf dessen Zerstörung mochte bereits die Kaiserkrönung Napoleons am 2. Dezember 1804 wirken. Unter offensichtlichem Rückgriff auf die Symbolik des römischen Kaisertums und mit dem angeblichen Zepter Karls des Großen krönte Napoleon sich selbst in der Kathedrale Notre Dame de Paris zum Kaiser der Franzosen. Ultimativ forderte er zwei Jahre später den deutschen Kaiser Franz II. auf, die Reichskrone niederzulegen. Am 6. August kam Franz dieser Forderung nach. Bereits einen Monat zuvor hatten 16 deutsche Fürsten ihren Austritt aus dem Reich erklärt und sich dem Rheinbund angeschlossen, einer unter dem Protektorat Napoleons stehenden Konföderation. Das Heilige Römische Reich Deutscher Nation hatte damit aufgehört zu bestehen. Das Kaisertum wurde von Frankreich beansprucht. »Deutschland« gab es jetzt nicht einmal mehr auf dem Papier. Von diesem Moment an war, wie rückblickend festgestellt werden kann, die »deutsche Frage« offen.[7]

Das zweite Ereignis, das für die Formierung einer deutschen Nationalbewegung als entscheidend angesehen werden muss, war die Schlacht bei Jena und Auerstedt. Im Jahr 1806 war Preußen der einzige große Staat in Mitteleuropa, der noch nicht in den Krieg mit Napoleon verwickelt war. Am 9. Oktober jedoch erklärte Preußen Frankreich in Überschätzung seiner Kräfte den Krieg. Nur fünf Tage später kam es bei Jena und Auerstedt in Thüringen zu einer Schlacht, die für das preußische Heer in einer Katastrophe endete. Die Armee wurde vernichtend geschlagen, löste sich auf und zog sich panikartig zurück. Nach weiteren vierzehn Tagen stand Napoleon in Berlin.

In einem Blitzkrieg von nicht einmal drei Wochen – und das im Zeitalter beschwerlicher Fußmärsche – war Preußen, das seit der Zeit Friedrichs des Großen als die gefürchtetste Militärmacht des Kontinents galt, geschlagen worden – schneller als alle Gegner, die Napoleon bislang besiegt hatte. Im anschließenden Frieden von Tilsit wurde Preußen 1807 um die Hälfte verkleinert, verlor fünf von zehn Millionen Einwohnern und wurde verpflichtet, Kontributionen an Frankreich zu

In der Schlacht von Jena und Auerstedt am 14. Oktober 1806 hatte Preußen eine vernichtende Niederlage hinnehmen müssen. Wenige Tage später zog Napoleon als Sieger durch das Brandenburgische Tor in Berlin ein.

zahlen. Die Stärke der Armee wurde begrenzt. Eine Großmacht war Preußen damit nicht mehr.[8]

Der Mangel an deutscher Staatlichkeit, der durch das Ende des »Alten Reiches« offensichtlich geworden war, und die Demütigung Preußens durch Napoleon – beides zusammen war ausschlaggebend für die Entstehung einer Nationalbewegung, deren Leitmotiv in den nächsten Jahren der Hass war: Hass auf Frankreich und insbesondere auf seinen Herrscher Napoleon. Der Wandel von der Bewunderung zum Hass auf den französischen Kaiser vollzog sich allerdings nicht plötzlich, jedenfalls nicht, soweit es die allgemeine Stimmung betraf. Bei seinem Einzug in Berlin nach der Schlacht bei Jena und Auerstedt wurde Napoleon von der Bevölkerung noch frenetisch bejubelt, von weither waren die Zuschauer angereist, um den Mann zu sehen, der derart gewaltige Dinge vollbringen konnte. Als er 1807 durch die Straßen Dresdens ritt, feierten die Bewohner ihn geradezu enthusiastisch.

Im Untergrund jedoch gärte es. Geheimbünde wurden gegründet, deren Ziele der Kampf gegen Napoleon und die nationale Einheit waren. Organisiert durch konspirative Netzwerke begannen Propagandaflugblätter zu kursieren; und zuweilen erreichte die Agitation auch die Öffentlichkeit. Im Winter 1807/08 hielt Johann Gottlieb Fichte im französisch besetzten Berlin vor begeistertem Publikum seine »Reden an die deutsche Nation«: Das deutsche Volk sei das ursprüngliche, das unverfälschte Volk, das gegen die militärische wie kulturelle Unterjochung durch Frankreich für seine Freiheit und Identität kämpfen müsse.[9]

Zunächst waren die antinapoleonischen Streiter noch eine Minderheit, doch sie wurden schnell mehr – und einige von ihnen steigerten die Deutschtümelei Fichtes ins »Fratzenhafte«.[10] Friedrich Ludwig Jahn, Lehrer in Berlin, rief die deutsche Jugend zum Turnen auf, damit sie bereit sei für den Kampf gegen Napoleon. Für ihn waren die Deutschen ein »heiliges Volk«. Auch der Dichter Ernst Moritz Arndt predigte den Hass gegen die Franzosen.[11] Nicht mehr »Sieger oder »Friedensstifter« wurde Napoleon nun genannt, sondern »bluttriefende Bestie«[12], »erhabenes Ungeheuer«[13] und sogar »Antichrist«[14].

Diese von Hass getriebene Nationalbewegung fand im Staat Preußen einen Verbündeten. Nach der Schlacht bei Jena und Auerstedt hatten sich bedeutende Veränderungen vollzogen. Der Staat war, ausgelöst durch den Schock der Niederlage, gründlich modernisiert worden; die Reformen umfassten nahezu alle gesellschaftlichen Bereiche; das Bildungswesen ebenso wie die Finanzverwaltung, die Landwirtschaft ebenso wie das Militär. Ziel dieser Reformen war es, Preußen auf eine neuerliche militärische Auseinandersetzung mit Frankreich vorzubereiten.

Kern der Militärreform war die Brechung des Adelsmonopols auf Offizierstellen – von nun an sollte nur noch Leistung bestimmend sein – und das so genannte Krümper-System. Mit diesem Verfahren wurde die Festsetzung der Truppenhöchststärke durch den Friedensvertrag von Tilsit unterlaufen. Nach einer militärischen Kurzausbildung wurden die Rekruten (Krümper) wieder entlassen, um andere junge Männer aufnehmen zu können. Im Kriegsfalle konnte so auf eine große Zahl militärisch ausgebildeter Männer zurückgegriffen werden. Da manche der preußischen Reformer das Land überdies zum Modell für die nationale Wiedergeburt machen wollten, wie es der Leiter der preußischen Zivilverwaltung von 1807 bis 1808, der Reichsfreiherr Heinrich Friedrich Karl vom und zum Stein in seinem »Politischen Testament« 1808 formulierte,[15] schienen Preußen und die deutsche Nationalbewegung so etwas wie natürliche Bündnispartner. Erst sehr viel später, nach der Völkerschlacht, sollte sich herausstellen, dass dies von beiden Seiten ein Missverständnis gewesen war, das nur solange verborgen geblieben war, wie es den gemeinsamen Feind Napoleon gab.

Damit aus der geheimbündlerisch organisierten Opposition gegen Napoleon eine Massenbewegung werden konnte, musste allerdings noch etwas anderes passieren – der Mythos Napoleons musste gebrochen werden. War der Untergang des »Alten Reiches« und die Niederlage von Jena und Auerstedt der Beginn der deutschen Nationalbewegung, so stand am Beginn der Befreiungskriege eine militärische Niederlage Napoleons: der Rückzug aus Russland 1812.

Die Rolle Russlands

Die Jahre von 1806 bis 1812 waren ein Übergang, eine Zeit des Wartens und Abwägens, wann endlich der richtige Zeitpunkt zum Losschlagen gegen Napoleon gekommen wäre. Einige der preußischen Reformer erwogen bereits 1809 die Entfachung eines allgemeinen Aufstandes in Norddeutschland in Form eines Guerillakrieges. Zwei Jahre später bedrängten sie den preußischen König Friedrich Wilhelm III. erneut, sich gegen Napoleon zu erheben, selbst auf die Gefahr, dass Preußen untergehe. Doch Friedrich Wilhelm III. zögerte; er wartete so lange, dass einige seiner Reformer sich enttäuscht von ihm abwandten und nach Russland gingen, um sich dort zu politischen und militärischen Befreiungsorganisationen zusammenzuschließen.

Als Napoleon am 24. Juni 1812 mit 450000 Mann die Memel überschritt, begannen sie, auf Zar Alexander einzuwirken. Carl von Clausewitz, als Generalstabsoffizier einer der Väter der preußischen Militärreform, war Berater des Oberbefehlshabers der russischen Armee, Michail Kutusow; der Publizist und Dichter Ernst Moritz Arndt versuchte, die in Napoleons Diensten stehenden deutschen Soldaten zur Aufkündigung des Gehorsams zu bewegen; und der Freiherr vom und zum Stein überredete Zar Alexander, sich an die Spitze der europäischen Befreiungsbewegung zu setzen. Als Napoleon ein halbes Jahr später tatsächlich geschlagen war und sich mit seinem gesamten Heer unter großen Verlusten aus Russland zurückziehen musste, hatte Alexander Gefallen an der Rolle des Befreiers Europas gefunden. Er begann, die Allianz zu schmieden, die Frankreich schließlich besiegen sollte.

Die Befreiungskriege

Der Durchzug der kümmerlichen Reste der »Grande Armée« zerstörte für jeden sichtbar den Nimbus der Unbesiegbarkeit Napoleons. Ein Berliner Augenzeuge hielt erschüttert fest:

Man sah keine Kanonen, keinen Zug Kavallerie, nur elende, von den grässlichsten Wunden entstellte Krüppel, denen Hände, Arme, Füße fehlten oder durch den Frost gänzlich zerstört waren! Dass Gottes Hand so furchtbar treffe, das zitterte man selbst den eigenen Augen zu glauben. [...] Der Anblick der Unglücklichen war grauenerregend, und selbst die aufathmende Freude über das Ereignis im Großen musste in solchen Augenblicken dem Eindruck weichen, den das namenlose Elend hervorbrachte, das die unschuldigen einzelnen, die Opfer der Unersättlichkeit des Führers, erduldet hatten und noch erduldeten.[16]

Die französische Niederlage setzte nun eine politische Kettenreaktion in Gang und löste zugleich einen nationalistischen Taumel in Deutschland aus. Der preußische General Yorck, der aufgrund der Bestimmungen des Friedens von Tilsit auf französischer Seite kämpfte, wechselte am 30. Dezember 1812 durch die Konvention von Tauroggen – dem eigenmächtig von Yorck herbeigeführten Waffenstillstand mit Russland – de facto zu den Russen über. Ostpreußen erhob sich gegen die französische Herrschaft. Kurze Zeit später griffen die Aufstände auf Schlesien und Brandenburg über.

Unter dem Druck seiner Ratgeber und der Studenten, die in Scharen die Universitäten verließen, um sich freiwillig zu melden, entschied sich endlich auch der preußische König Friedrich Wilhelm III. Im Februar 1813 unterzeichnete er einen Freundschaftsvertrag mit dem Zaren, rief alle jungen Männer zwischen 17 und 24 Jahren dazu auf, sich bei den Freiwilligen Jägern zu melden und leitete damit die Befreiungskriege ein.

In Leipzig rief der Hochschullehrer Traugott Krug die Jugend zum Kampf auf gegen »jenen Verbrecher, der, alles Recht mit Füßen tretend, das Glück der Völker zertrümmernd, nur immerfort von Triumph zu Triumph über Leichenhügel einherschreitend, das bluttriefende Schwert nicht in die Scheide stecken will«.[17] Der Erlös der Broschüre, in der Krug dies verkündete, war »zur Bekleidung und Bewaffnung unbegüterter Freiwilliger« bestimmt. Zum Hass auf Napoleon gesellte sich nun auch Kriegslüsternheit: »Sterbelustig« sollten die Deutschen in den Kampf gegen Napoleon gehen, der kein normaler Krieg, sondern ein »Kreuzzug, ein heiliger Krieg sei«.

Am 10. März stiftete der König das Eiserne Kreuz, eine Kriegsaus-

Beim Rückzug aus Russland musste die französische Armee große Verluste hinnehmen. Von den 450 000 Mann, mit denen Napoleon seinen Feldzug begonnen hatte, kehrten über 90 Prozent nicht zurück.

zeichnung, die erstmals an Offiziere wie einfache Soldaten gleichermaßen vergeben und damit zum Symbol für den neuen Charakter dieses Krieges als »Volkskrieg« werden sollte. Flugblätter wurden verteilt, Gedichte verfasst. Das bekannteste ist der Aufruf Theodor Körners aus

Im Februar 1813 rief Preußens König Friedrich Wilhelm alle jungen Männer zwischen 17 und 24 Jahren auf, sich bei Freiwilligeneinheiten zu melden. Vor allem Studenten folgten diesem Aufruf. Im ganzen Land bildeten sich Freikorps, um am Kampf gegen Napoleon teilzunehmen.

dem Frühling 1813. Mit ihm war vorgegeben, wie der Krieg, der noch gar nicht richtig begonnen hatte, zu verstehen war: Es sollte eine nationale Befreiung sein, die nicht nur das Ende der französischen Besatzungsherrschaft, sondern darüber hinaus die Schaffung der deutschen Einheit zum Ziel hatte:

Steh auf mein Volk, die Flammenzeichen rauchen.
Du sollst den Stahl in Feindesherzen tauchen.
Was weint Ihr Mädchen,
warum klagt ihr Weiber,
wenn wir entzückt die jugendlichen Leiber
hineinwerfen in die Scharen Eurer Räuber.[18]

Doch es würde zu kurz greifen, wenn man den Befreiungskrieg ausschließlich als eine kriegsgierige, nationalistische Eruption wahrnimmt. Auch wenn schwer zu beurteilen ist, wie tief der Hass auf Napoleon in der Bevölkerung tatsächlich ging, so war doch offensichtlich, dass die jahrelangen Einquartierungen, die Durchmärsche fremder Armeen und die ständigen Kontributionszahlungen an die napoleonische Kriegskasse zu einer enormen privaten und staatlichen Verarmung geführt hatten. Und so übertrug sich die nationale Begeisterung von einer kleinen Minderheit auf weite Kreise der Bevölkerung. In Hamburg, Bremen, Oldenburg, Dresden und anderen Städten kam es zu antifranzösischen Aufständen, die zum Teil blutig niedergeschlagen wurden.

Der Charakter des Krieges

Erstaunlicherweise war der Krieg, der im Jahr 1813 in Deutschland ausgetragen wurde und in der Völkerschlacht seinen Höhepunkt finden sollte, im Grunde gar kein Volkskrieg, sondern ein beinah reiner Kabinettskrieg. Es waren nicht Völker, die diesen Krieg führten, sondern die etablierten europäischen Mächte. Auf der einen Seite standen die Verbündeten Russland, Österreich, Schweden und Preußen, auf der anderen Seite Frankreich. Die Verbündeten bedienten sich für die Dauer dieses Krieges der deutschen Freiwilligenverbände und Freikorps, wie man sich solcher Hilfstruppen eben bedient – ohne zuzulassen,

Freikorps

Nach dem Aufruf König Friedrich Wilhelms III. zum Kampf gegen Napoleon im Februar 1813 bildeten sich in Preußen so genannte Freikorps, die an der Seite der preußischen Armee an den Befreiungskriegen teilnahmen. In ihnen dienten Freiwillige, vor allem Studenten, die sich selbst ausrüsteten und versorgten.

Am bekanntesten wurden die Lützowschen Jäger unter Führung des Majors Ludwig Adolf Wilhelm von Lützow. Sie trugen schwarze Uniformen mit goldfarbenen Knöpfen und roten Aufschlägen – den Farben der deutschen Nationalbewegung. Im Lützowschen Korps dienten unter anderem »Turnvater« Friedrich Ludwig Jahn und Theodor Körner, der das bekannte Lied »Das ist Lützows wilde verwegene Jagd« nach der Musik von Carl Maria von Weber verfasste.

Die Lützowschen Jäger nahmen an zahlreichen Gefechten teil – darunter auch an der Völkerschlacht bei Leipzig und der Schlacht bei Waterloo. Zum Symbol ihrer Opferbereitschaft im Zeichen der nationalen Einigung wurde aber der Tod Theodor Körners bei einem Gefecht bei Kitzen im Süden Leipzigs am 17. Juni 1813.

dass diese Verbände irgendeinen Einfluss auf die politische Zielsetzung hatten. Als bestimmende politische Kraft war in dieser Koalition mittlerweile Russland von Österreich abgelöst worden, und dessen Kanzler Klemens Graf Metternich hatte ausschließlich die Interessen seines Landes im Auge – und diese Interessen glaubte er am besten durch eine Schwächung Frankreichs und ein auch weiterhin territorial zerstückeltes Deutschland gewährleistet. Vor allem aber galt es aus seiner Sicht jeden nationalen Gedanken im Keim zu ersticken, um die Einheit und Fortdauer des habsburgischen Vielvölkerstaates zu gewährleisten.

Nach der Niederlage in Russland war Napoleon nach Paris zurückgekehrt und hatte rasch ein neues Heer von rund einer halben Million Mann aufgestellt. Etwa die Hälfte davon setzte er 1813 in Deutschland ein. Ergänzt wurde seine Armee durch Verbände der nach wie vor mit ihm verbündeten deutschen Rheinbundstaaten. Ihm gegenüber standen die schwedische Nordarmee unter Jean Bernadotte, die schlesische Armee unter dem preußischen General Leberecht von Blücher, eine russische Armee unter General Bennigsen und die österreichische Hauptarmee unter Fürst Karl von Schwarzenberg, der zugleich den Oberbefehl im Kampf gegen Napoleon innehatte.

Die Alliierten gaben Napoleon keine Chance, den von ihm geplanten, vernichtenden Schlag zu führen. Wo immer er persönlich auftauchte, wichen sie ihm aus und griffen stattdessen dort an, wo französische Armeen von Napoleons Unterfeldherren kommandiert wurden, die – auf sich allein gestellt – meistens versagten, da sie lediglich Befehlsempfänger waren. Während seine Armeen eine nach der anderen besiegt wurden, hetzte Napoleon von einem Ort zum anderen. Seine sich ständig auf dem Marsch befindlichen Truppen waren deshalb bereits völlig erschöpft, als sich die Alliierten im Oktober 1813 schließlich doch entschlossen, den großen Entscheidungsschlag gegen Napoleon selbst zu wagen. Ihre zahlenmäßige Überlegenheit war zu diesem Zeitpunkt bereits erdrückend: Etwa 200 000 Franzosen und Rheinbundtruppen standen rund 340 000 Alliierte gegenüber. Napoleon wurde mit seiner Armee in Leipzig förmlich eingeschlossen.

Die Situation in Leipzig

Aus Perspektive der Leipziger war die Lage zur selben Zeit, als die Armeen Leipzig immer näher kamen, schlicht unüberschaubar. Zuverlässige Nachrichten über die Kriegssituation waren nicht zu erhalten. Ständig wurden in der näheren Umgebung Soldaten der einen oder der anderen Kriegspartei gesehen; überall kursierten Gerüchte über Gefechte in den umliegenden Ortschaften. »Es ist ein dumpfes Treiben und Wogen, ein Zusammenlaufen und Ängsten auf den Straßen und allen geräumigen Plätzen, ein unbestimmtes Hoffen, Fürchten, Klagen, Drohen«, so beschrieb es der Schriftsteller und Musiklehrer Friedrich Rochlitz, Verfasser eines der wichtigsten Augenzeugenberichte über die Schlacht aus Sicht der Leipziger. Bereits am 25. September hätten etwa 9 000 verwundete Soldaten aus den vorherigen Gefechten in den Lazaretten der Stadt gelegen, so berichtet Rochlitz, »das heißt, auf vier Einwohner ziemlich einen«.[19] Wenige Tage später waren aus den 9 000 Verletzten bereits über 13 000 geworden, und der Zustrom frisch Verwundeter ging immer weiter. Gasthöfe, Schulen, Speicher und fast alle Kirchen wurden in Notlazarette verwandelt. Ein Zeitzeuge schildert die Situation folgendermaßen:

Schon vor der Schlacht bei Leipzig sah es in diesen Gifthöhlen traurig genug aus, da sie immer mehr angefüllt und erweitert wurden. Mancher der dort Angestellten, und besonders mancher brave und geschickte Arzt, trug aus ihnen den Keim des Todes in seine Familie. Reinlichkeit war in ihnen durchaus bei allen Anstalten nicht zu erhalten, und man konnte ohne Ekel, und ohne die Nase zuzuhalten, bei keinem vorübergehen.[20]

Schlimmer noch als in der Stadt war die Lage im Leipziger Umland. Marodierende Soldaten machten die Dörfer unsicher. Um sich gegen das nasskalte Herbstwetter zu schützen, brachen sie in Häuser ein und requirierten, was immer sie an Lebensmitteln benötigten.

Rückt nun ein Horde weiter, so tut sie zuvor die Güte, den Bau anzubrennen, um sich in seinem Lodern einmal recht durchzuwärmen, denn die von frisch gefällten Bäumen erhaltenen Wachtfeuer leisteten das nicht genug, zumal da diese oft vom Regen verlöscht wurden oder in ihrer dumpffeuchten Glut einen unerträglichen Qualm verbreiteten, der gänzliche Annäherung unmöglich machte.[21]

Während Leipzig durch seine Stadttore gegen solches Vorgehen noch einigermaßen geschützt war, gab es im Umland bald kaum noch etwas zu essen. Die Stadt musste nun, wie Rochlitz bemerkt, das Umland versorgen: »In meinem lieben Connewitz [damals ein kleines Dorf vor den Toren Leipzigs] ist schon seit voriger Woche kein Haferkorn, kein Strohalm mehr; und so in fast allen umliegenden Dörfern; schließen

Die Unterbringung und Versorgung der Verwundeten stellte für die Stadt Leipzig
während und nach der Völkerschlacht das größte Problem dar.

uns die Verbündeten enger ein, so dass die entfernteren Zufuhren auf-
hören, dann Gnade uns Gott.«[22]

Rochlitz schrieb dies am 5. Oktober. Die großen Armeeformationen waren bisher nicht einmal in der Nähe der Stadt. Die Einwohner
hofften noch immer, dass der Krieg an ihnen vorüberziehen würde.
Dass die nächste große Schlacht hier in der Stadt und den umliegenden
Dörfern stattfinden würde, war noch nicht erkennbar.

Erst ab dem 11. Oktober begann die Hoffnung zu schwinden. Immer mehr Soldaten in geschlossenen Formationen erreichten die Stadt
und mussten untergebracht werden; Offiziere wurden in den Bürger-
häusern einquartiert; einfache Soldaten lagerten offen in den Straßen
der Stadt; mitgeführte Kriegsgefangene wurden auf Friedhöfen zusam-
mengepfercht. »Viele Tausende an der Zahl wurden in den Gottesacker
eingesperrt«, berichtete Johann Daniel Ahlemann, der Totengräber des
Leipziger Johannisfriedhofs:

Ich wurde als Totengräber streng beauftragt, alle Schwibbögen [überwölbte
Grabstätten] zu öffnen, damit die Gefangenen darin ein Obdach fänden. Der ganze Begräbnisplatz wimmelte von Russen, Österreichern und Preußen; da diese
jedoch Essen und Holz zur Feuerung erhielten, brannten in jedem Schwibbogen
mehrere Wachtfeuer, und es wurde bei den Leichen gekocht und gebraten.[23]

In Markkleeberg, einer kleinen Ortschaft im Süden Leipzigs, beschloss
der größte Teil der Einwohnerschaft, sich mit seinem beweglichen Hab
und Gut für die Dauer der Kämpfe in einem nahe gelegenen Wald zu

Französische Verwundete unter den Schwibbögen des Johannisfriedhofs. Selbst Friedhöfe wurden während der Völkerschlacht in Lazarette und Gefangenenlager verwandelt.

verstecken – und setzte damit eine Tradition fort, die noch auf den Erfahrungen des Dreißigjährigen Krieges beruhte. In Leipzig wurden alle Stadttore, die nicht zu den Hauptstraßen führten, verbarrikadiert. Die Stadt und das gesamte Umland bereiteten sich jetzt auf die Schlacht vor, die unweigerlich kommen musste.

Der Charakter der Schlacht

Zu unserer landläufigen, von schriftlichen Darstellungen ebenso wie durch Gemälde und Spielfilme geprägten Vorstellung einer Schlacht der Napoleonischen Kriege gehören geschlossene Armeeformationen, Soldaten, die in schmucke Uniformen gekleidet sind und in geordneten Reihen aufeinander zu marschieren sowie ein Schlachtfeld, das von einem Hügel, dem »Feldherrenhügel«, aus überblickt werden kann. Wenn alles in Reih und Glied steht, geben die Heerführer das Signal zum Angriff. In diesem Verständnis hat eine Schlacht einen eindeutigen Anfang und ein eindeutiges Ende.

Den üblichen historischen Darstellungen zufolge verlief auch die Völkerschlacht so. Sie dauerte angeblich vier Tage, vom 16. bis zum

19. Oktober. Hinzugerechnet wird meist noch ein großes Reitergefecht, das am 14. Oktober bei Liebertwolkwitz, einem Dorf südöstlich von Leipzig stattfand und so etwas wie einen Prolog bildete.

Die Berichte von Augenzeugen zeigen aber, dass dies eine Sicht ist, die eher dem Bedürfnis nach vereinfachender Darstellung als der Realität entspricht. Der Übergang von Frieden zu Krieg war fließend – nicht nur, wie wir schon gesehen haben, für die Einwohner Leipzigs, sondern auch für die einfachen Soldaten, die meist schon vor der Hauptschlacht in kleinere Gefechte verwickelt waren.

Ein ästhetischer Anblick waren sie mit ihren Uniformen auf keinen Fall. Oft waren sie durch tage- oder gar wochenlange Märsche geschwächt, hatten bereits mehrere Nächte im Freien zugebracht, ohne die Uniform zwischendurch ausziehen oder sich waschen zu können. Die unausgewogene Ernährung führte zu Durchfallerkrankungen, die sich oft epidemieartig ausbreiteten. In den Stiefeln entwickelten sich durch die mangelhafte Hygiene juckende und eiternde Ekzeme. Die Krankenstände waren extrem hoch; nur etwa 10 Prozent der Soldaten starben durch direkte Feindeinwirkung. Die Soldaten, die schließlich in der Schlachtreihe aufgeboten wurden, waren nicht nur, nach heutigen Maßstäben, in der Überzahl krank, sie trugen auch verdreckte, oft nur notdürftig geflickte Uniformen – und sie müssen erbärmlich nach Schweiß, Kot und Eiter gestunken haben.

Nur sehr erfahrenen Einheiten gelang es zudem, die anbefohlene Formation nicht nur bei Übungen, sondern auch im realen Gefecht durchzuhalten. Je größer der Weg war, den ein Bataillon in der Schlacht zurückzulegen hatte, desto größer war die Wahrscheinlichkeit, dass die »Linie« verloren ging und sich die feindlichen Soldaten schließlich in ungeordneten Haufen gegenüberstanden. Beinahe jede Inszenierung einer Schlacht wie der Völkerschlacht in Film und Fernsehen läuft daher Gefahr, das Geschehen optisch zu verharmlosen.

Auch der Begriff »Schlachtfeld« stellt im Grunde genommen eine Verharmlosung dar. Das Gebiet, in dem gekämpft wurde, war so groß, dass besser von »Schlachtregion« oder von »Schlachtfeldern« im Plural gesprochen werden sollte. Kein Heerführer, weder Napoleon auf französischer noch Schwarzenberg auf alliierter Seite, konnte diese Region zu irgendeinem Zeitpunkt der Kämpfe überblicken oder war auch nur annähernd über das Geschehen in seiner Gänze informiert. Die Schlacht zerfiel vielmehr in eine Reihe unzähliger Einzelgefechte, und selbst in der Rückschau ist es nicht möglich, diese zu einer linearen oder gar kausalen Ereigniskette zu verbinden.

Die Leipziger Völkerschlacht bestand aus zahllosen Einzelgefechten. Beinahe jedes Dorf in der Umgebung Leipzigs wurde umkämpft.

Die einzige Möglichkeit, sich der Völkerschlacht erzählerisch zu nähern, besteht darin, sie nach den verschiedenen Tagen einzuteilen: Am Ende eines jeden Tages schwiegen die Waffen und in den jeweiligen Hauptquartieren liefen die Meldungen ein. Die Heerführer konnten sich ein Bild machen und die Stellungen der feindlichen wie der eigenen Bataillone in ihren Feldkarten markieren, ohne dass sich die Lage auf dem Schlachtfeld in der Zeit zwischen dem Abschicken und dem Eintreffen der Nachrichten wieder geändert hatte. Auf der Basis dieser Lagebeurteilung gaben sie die Befehle für den nächsten Tag aus. Die Einteilung nach Tagen entspricht zudem dem Blickwinkel des einzelnen Soldaten, dem es in erster Linie darum ging, »ob wir diesen Abend noch da sind«.[24]

Der erste Tag: 16. Oktober

Der 16. Oktober ist von allen Tagen der Völkerschlacht derjenige, dessen Verlauf am schwierigsten nachzuvollziehen ist. Die Initiative lag offenbar zunächst bei den Alliierten, dann gelang es den Franzosen, in fast allen Frontabschnitten die Offensive an sich zu reißen, während die Alliierten am Nachmittag und Abend verlorenen Boden wiedergutmachen konnten. Napoleon glaubte zwischenzeitlich sogar, er habe den Sieg errungen und ließ bereits Boten in die Stadt schicken, um die Kirchenglocken zu läuten. Fast alle Dörfer in der unmittelbaren Umgebung von Leipzig waren abwechselnd mal in der Hand der Franzosen, mal in der der Alliierten und dementsprechend fast vollständig zerstört. Am Ende des Tages ließ sich jedoch nur feststellen, dass die Armeen weitgehend in die Stellungen zurückgekehrt waren, die sie bereits am Morgen innegehabt hatten.

Diese Unübersichtlichkeit spiegelt sich in den Berichten der einfachen Soldaten wider. Einer von ihnen war Johann Jakob Röhrig, aus dessen Feder einer der interessantesten Berichte von französischer Seite stammt – und dessen Erfahrungen zugleich beispielhaft für die Soldaten beider Seiten sind. Als Schulmeister aus dem Hunsrück war er bei einer Aushebung französischer Truppen 1812 der leichten Infanterie zugewiesen worden und hatte das ganze Jahr 1813 an verschiedenen Schlachten teilgenommen. Einen solch gewaltigen Truppenaufmarsch wie an diesem Tag hatte er jedoch noch nicht erlebt: »Als der Morgen des 16. Oktober über die Ebene hereinbrach, sah man nichts als Himmel und Soldaten aller Waffengattungen. Man sah schon an den Aufstellungen, dass es ein heißer Tag werden würde und mancher sein letztes Hemd anhatte.«[25]

Doch nur für einen Moment gelang es Röhrig, die Situation in seiner Gesamtheit zu erfassen. Schon mit dem unmittelbaren Beginn des Kampfes verengte sich seine Perspektive derart, dass nur noch Ereignisse, die ihn unmittelbar betrafen, wahrgenommen wurden. Von den Befehlen seiner Vorgesetzten mal in die eine, mal in die andere Richtung geschickt, wusste Röhrig nach kurzer Zeit nicht einmal mehr, wo genau er sich befand:

Vor uns eine steile Anhöhe, hinter uns ein Bach. Mein Voltiguer hatte einen schönen Apfel. Er schnitt denselben durch und reichte mir eine Hälfte. Der Apfel war noch nicht gegessen, als eine Kanonenkugel das Tal abwärts der Front nach kam, und fünf Voltigeuren auf dem linken Flügel die Köpfe wegschlug. Da ich hinter ihnen stand, war ich dergestalt mit Gehirn und Blut bespritzt, dass ich fast nicht aus den Augen sehen konnte. Ich ließ die toten Körper zurückschleppen, lief dann nach dem Bache hin, wusch mich und säuberte meine Uniform, so viel es sich tun ließ.[26]

Schilderungen von der verheerenden Wirkung der Kanonenkugeln finden sich in allen Berichten von Augenzeugen über die Völkerschlacht. Über 2 000 Geschütze kamen während der Völkerschlacht zum Einsatz. Gewehre waren damals bei Entfernungen über 50 Meter noch nicht ausreichend treffsicher, und so waren Kanonen mit Schussweiten von bis zu 1 300 Metern die einzigen zur Verfügung stehenden Fernwaffen. Ihr Effekt beruhte auf zwei unterschiedlichen Mechanismen. Zum einen wurden Vollkugeln verschossen, die durch den Abschuss derart viel Energie bekamen, dass sie je nach Bodenbeschaffenheit bis zu siebenmal aufsetzen konnten und damit gegen tief stehende Linien mit größtem Erfolg eingesetzt werden konnten. Soldaten, die eine scheinbar harmlos anrollende Vollkugel mit dem Fuß stoppen wollten, ist nicht selten das ganze Bein abgerissen worden.

Der zweite Wirkungsmechanismus der Geschütze beruhte auf Hohlkugeln, die mit Schwarzpulver sowie kleinen Kugeln gefüllt und mit einem separaten Zünder versehen wurden. Gute Artilleristen konnten den Zünder so präzise einstellen, dass die Kugel beim Zeitpunkt des Auftreffens explodierte und ihre Splitter in alle Richtungen streute – mit ebenfalls verheerender Wirkung, wie sie Johann Jakob Röhrig beschreibt:

Wir standen in einem entsetzlichen Kugelregen und in Zeit von fünfzehn Minuten hatte das Bataillon an Toten und Verwundeten wenigstens hundert Mann. Eine Granate fiel mitten in das Karree. Der Zünder brannte noch. Sie wühlte einen Kessel in den Boden. Ich zog den Kopf zwischen die Schultern ein und wartete dessen, was kommen sollte, und – puff, sie war zerplatzt und hatte in unserer Kompagnie auch nicht einen Mann getroffen, aber die zweite und dritte Kompagnie war stark mitgenommen worden.[27]

Als der Abend kam, hatte Röhrigs Bataillon schwere Verluste hinnehmen müssen, ohne dass ein erkennbarer Erfolg zu verzeichnen gewesen wäre. Den ganzen Tag hatte es nichts zu essen gegeben; und auch jetzt begann das Nachtlager, ohne dass Lebensmittel verteilt wurden.

Leipzig war am 16. Oktober noch nicht unmittelbar von den Kämpfen betroffen. Mit Spannung wurde, soweit dies möglich war, das Schlachtgeschehen beobachtet. Einige Leipziger stiegen auf die Dachböden, um sich, in Ermangelung zuverlässiger Nachrichten, einen Überblick zu verschaffen.

Als Napoleon um drei Uhr nachmittags in der Stadt alle Kirchenglocken als Zeichen seines Sieges läuten ließ, zeigte sich zum ersten Mal offen, wie zerrissen die Stadt und ihre Bewohner hinsichtlich des Ausgangs der Schlacht waren. Offiziell war Sachsen mit Frankreich verbündet. Sächsische Verbände kämpften in der Völkerschlacht an Napoleons Seite. Doch insgeheim hofften viele Leipziger auf einen Sieg der Verbündeten: »Alles, was Franzos war oder schien, schrie sie nach, diese Siegespost und dies Lebehoch«, schreibt Friedrich Rochlitz. »Was nicht Franzos ist oder scheinen wollte, stürzte von den Straßen weg, die Türen zuwerfend, um seine Gefühle unbelauert ausströmen zu lassen.«[28]

Rochlitz sympathisierte mit den Verbündeten; es gibt keinen theatralischeren Augenblick in seinem Bericht als diesen, da er den Moment des vermeintlichen Sieges Napoleons schildert – doch ohne Zweifel entspricht gerade diese Theatralik den Gefühlen, mit denen allgemein dem Ausgang der Schlacht entgegengefiebert wurde:

> Vor mir lag in scharfen Umrissen, zusammengedrängt und in einer Klarheit und Präzision, wie niemals, was das deutsche Vaterland in seiner zeitherigen Entwürdigung gelitten, was es jetzt gehofft, getan, gelitten hatte, was es, wenn nun dies, das Letzte, umsonst sei, mit Wahrscheinlichkeit leiden, was es werden würde. Ein Gefühl inneren Grimmes reizte mich zu dem schonungslosen Aufruf: »Lass uns sterben! Ein Leben, wie es uns nun erwartet, ist ohne Wert.«[29]

Die napoleonische Siegesnachricht erfuhr allerdings recht bald ihre Relativierung. Von nun an gab es nur noch Gerüchte, aus denen sich die Bewohner Leipzigs ein Bild über den Fortgang der Schlacht zu machen versuchten. Als die Nacht hereinbrach, war für sie nur erkennbar, dass eine Entscheidung noch nicht gefallen war und der Kampf am nächsten Tag fortgesetzt werden würde. Für die Stadt bedeutete dies vor allem, sich auf einen weiteren Zustrom von Verwundeten vorzubereiten. Über 13 000 lagen bereits in den Lazaretten – und Napoleon verfügte, dass Leipzig weitere 15 000 aufnehmen solle. Zusätzlich zu den Zehntausenden Soldaten, die sich in der Stadt aufhielten, kam damit auf jeden Einwohner fast ein Verwundeter.

Die Bilanz des ersten Schlachttages war erschütternd. Zehntausende lagen tot oder verwundet auf den Schlachtfeldern. Noch in der Nacht erhielt Napoleon die Hiobsbotschaften von vielen seiner Einheiten. Überall war die Munition fast aufgebraucht; ein Großteil der Geschütze war nicht mehr funktionsfähig – und das Schlimmste: die Einheiten waren zum Teil auf 50 Prozent ihrer ursprünglichen Stärke zusammengeschrumpft und angesichts der feindlichen Übermacht auch mutlos und erschöpft. Er wusste, dass die Schlacht für ihn nicht mehr zu gewinnen war und schickte einen Boten ins Lager der Verbündeten, mit dem Angebot zu verhandeln.

Das Bild aufseiten der Verbündeten war objektiv gesprochen nicht viel besser. Auch hier waren die Verluste immens – wahrscheinlich sogar größer als auf französischer Seite. Doch Schwarzenberg wertete es als Erfolg, von Napoleon nicht schon am ersten Tag durch eines seiner überraschenden Manöver besiegt worden zu sein. Am nächsten Tag sollten neue Einheiten der Verbündeten eintreffen, während Napoleons Reserven erschöpft waren. Eine Niederlage der Verbündeten wurde immer unwahrscheinlicher. Von nun an lag die Initiative bei ihnen. Das Verhandlungsangebot Napoleons blieb unbeantwortet.

Der zweite Tag: 17. Oktober

Der 17. Oktober, der zweite Tag der Schlacht, ist in die Geschichtsbücher als Ruhetag eingegangen. Auch wenn es an vielen Orten zu vereinzelten Scharmützeln kam, unterblieben groß angelegte Angriffe von französischer oder alliierter Seite vollständig.

Die ganze Nacht hindurch waren die Karren der Verwundeten nach Leipzig hineingerollt, und noch immer dauerten die Transporte an. Viele Verletzte hatten in der Dunkelheit nicht geborgen werden können. Sie mussten die Nacht zwischen den Toten auf den Schlachtfeldern

Marketenderinnen zur Zeit der Völkerschlacht

Seit dem Ende des 12. Jahrhunderts war es in Europa üblich, dass Händler und Händlerinnen den Heeren hinterherzogen, um Lebensmittel, Tabak und verschiedene Gebrauchsgegenstände zu verkaufen oder auch Dienstleistungen wie waschen, kochen und nähen für die Soldaten zu übernehmen. Da es den Soldaten erlaubt war zu heiraten, folgten oftmals die Ehefrauen aus familiären Gründen ihren Männern in den Krieg, manchmal mitsamt der Kinder.

Die Marketenderinnen kümmerten sich um die Verwundeten und sorgten nach der Schlacht für ein aufgeräumtes Schlachtfeld. Weniger als eine Minute brauchte eine geübte Marketenderin, um eine Leiche bis auf die Unterwäsche zu entkleiden und ihr alles noch verwertbare Gut abzunehmen. Viele der Marketenderinnen waren bei den Regimentern offiziell registriert und hatten damit einen legalen Status.

verbringen, und wenn sie nicht bereits am Blutverlust gestorben waren, dann hofften sie darauf, endlich gefunden und ins Lazarett gebracht zu werden. Mit jeder Verzögerung der Behandlung wuchs die Gefahr, dass sich ihre Wunden entzündeten.

Angesichts der hohen Zahl Verletzter wurde bereits auf dem Schlachtfeld ausgewählt. Wer von den Suchtrupps als unrettbar eingeschätzt wurde, wurde einfach liegen gelassen und seinem Schicksal überantwortet. An eine Bestattung der Leichen war zu diesem Zeitpunkt nicht zu denken. Der Anblick der Schlachtfelder war daher schon jetzt, nach nur einem Tag, furchterregend: »Ich musste über die Toten hinwegtreten und auf ihnen hin laufen und trat ins Blut«, schrieb ein Einwohner eines Dorfes im Norden Leipzigs: »Gehirn und Gedärme der Franzosen, die da niedergehauen, zerrissen und niedergeschossen dalagen, dass mir schauderte, mich fror und mir ekelte, als ich nach Hause kam.«[30]

Da die meisten Verletzungen bei den Infanterieregimentern durch Kanonenkugelgeschosse hervorgerufen worden waren, glich sich die Art der Wunden, die sich den Chirurgen in den Lazaretten darboten. Zumeist blieb ihnen, auch aus Zeitgründen, nur die sofortige Amputation. Eine Narkose gab es nicht. Den Soldaten wurde lediglich ein Stück Holz zwischen die Zähne gesteckt, an dem sie sich in ihrem Schmerz festbeißen konnten. Erfahrene Chirurgen benötigten für eine

Im Interesse der Armeeführung sollte die Registrierung zugleich dazu dienen, Prostituierte vom Regiment fernzuhalten.

Eine der Marketenderinnen, die die Völkerschlacht bei Leipzig mitmachten, war Sophie Holle, die Frau eines preußischen Unteroffiziers. 1806 war sie in das Regiment ihres Mannes eingetreten. Sie hatte also bereits einige Jahre Berufserfahrung. Dennoch waren die Schrecken der Völkerschlacht auch für sie dramatisch. In ihren Memoiren schrieb sie:

»Für unser Bataillon war im ganzen Feldzug kein Tag so blutig wie der 16. Oktober. Als am Abend das brennende Möckern den Feldplatz beleuchtete, da fanden sich von unserem ganzen Bataillon nur noch 17 Mann zusammen.«

Auch der Ehemann von Frau Holle gehörte zu den Vermissten:

»Kaum graute am anderen Morgen der Tag, als ich mich aufmachte, um meinen Mann unter den Leichen aufzusuchen. Da lagen nun

Amputation weniger als eine Minute. Vor den Lazaretten begannen sich die abgetrennten Gliedmaßen zu großen Haufen zu türmen – ein Anblick, den viele Soldaten und Einwohner als besonders grauenerregend in Erinnerung behielten.[31]

Viele Soldaten mit einfachen Schussverletzungen konnten zunächst gar nicht behandelt werden. Sie lagen in den Straßen Leipzigs, dessen Anblick Friedrich Rochlitz schlicht als »schrecklich« bezeichnet:

Man hat seit gestern Abend unaufhörlich mit Verbinden und Unterbringen der Verwundeten sich abgearbeitet, und noch immer liegen nicht wenige am Markte zwischen den angrenzenden Straßen unversorgt auf den Steinen, so dass an mehreren Stellen man, ganz wörtlich genommen, durch Blut schreitet.[32]

Um der Situation in der Stadt einigermaßen Herr zu werden, wiesen die Behörden die Bewohner an diesem Tag bei Androhung von Strafe an, pro Familie »eine Bettstelle und ein Strohsack für die Militärlazarette gegen Quittung abzuliefern, diese Quittung aber sorgfältig aufzubewahren, indem sie einzig und allein durch Vorzeigung dieser Quittung sich gegen die harten Maßregeln schützen können, die gegen alle diejenigen angeordnet sind, welche dem gegenwärtigen Patente Folge zu leisten, wider Erwarten unterlassen sollten«.[33] Friedrich Rochlitz

die Leichen haufenweise vor mir, fast alle mehr oder weniger ihrer Kleider beraubt, die meisten nackt, wie sie der Herr erschaffen. [...] Allein, wie viele bekannte Kameraden ich auch wiederfand, die Leiche meines Mannes fand ich nicht.«

Neben dieser persönlichen Tragödie schildert Frau Holle die Schwierigkeiten der Nahrungsbeschaffung besonders eindringlich: »In diesen Tagen ist im Umkreise von zwei Stunden ringsherum kein Huhn, keine Taube, keine Gans, keine Ente, vielleicht keine Garbe zu finden.«

Wie viele Marketenderinnen auf dem Leipziger Schlachtfeld tätig waren und wie viele von ihnen selbst zu den zahlreichen Toten oder Verletzten gehörten, ist nicht bekannt. Nach den Napoleonischen Kriegen verschwanden die Marketenderinnen in Europa fast vollständig. Die zunehmende Einführung von stehenden Heeren, die in Friedenszeiten in Garnisonen und Kasernen untergebracht werden mussten, erforderten strengere Reglements und eine grundsätzlich andere Organisation der Soldatenverpflegung.

berichtet, auch »Küchengeräte, Mundvorrat, Äxte, Spaten und dergleichen« hätten abgegeben werden müssen.[34]

Nun wurde auch Leipzig für die Schlacht bereitgemacht. Die Häuser der Vorstädte wurden größtenteils geräumt und notdürftig befestigt, um bei einem Angriff der Verbündeten als Verteidigungslinie zu dienen. Mit ihrem tragbaren Hab und Gut mischten sich die Bewohner, die nicht wussten, wo sie unterkommen sollten, nun unter die in den Straßen liegenden Verletzten.

Der Ausbau der Stadt als Verteidigungslinie entsprach der Haltung Napoleons an diesem Tag. Beobachter beschrieben ihn als merkwürdig passiv. Offenbar wartete er ab, ob die Alliierten auf sein Verhandlungsangebot vom Vortag antworten würden – als dies ausblieb, befahl er Teilen seiner Armee, Verteidigungsstellungen in Leipzig zu beziehen und die Abmarschstraße nach Westen zu sichern. Um seine eigenen Truppen nicht zu entmutigen, um auch dem Gegner nicht allzu deutlich zu erkennen zu geben, dass er die Schlacht bereits als verloren wertete, geschah dies allerdings weitgehend im Verborgenen und nicht konsequent.

Der Kriegsrat der Verbündeten hatte bereits am Abend des 16. Oktober einen gemeinsamen, alle Truppenteile umfassenden Generalangriff auf das eingeschlossene napoleonische Heer für den 18. Oktober beschlossen. Voraussetzung für ein Gelingen dieses Plans war die gute Koordination der verschiedenen Heere, die zum Teil weit voneinander entfernt standen. Der Befehl zum Angriff musste vom Städtchen Rötha im Süden Leipzigs, wo sich die Österreicher unter Fürst von Schwarzenberg befanden, zu General Blücher, der mit seinen Truppen nördlich der Stadt stand, und dann den Kommandanten der anderen Armeen überbracht werden.

Für diese schwierige Aufgabe meldete sich der junge ungarische Graf István Széchenyi. Noch am Abend des 16. Oktober verließ er das Hauptquartier General Schwarzenbergs. In einem gefährlichen Ritt umkreiste er Leipzig von Westen und kam am 17. Oktober frühmorgens bei Blücher an, der sich, in Erwartung des zweiten Schlachttages, gerade rasierte: »Heute haben wir eine große Schlacht vor uns, und das muss man in einer schönen Tracht ausfechten.« Blücher nahm den Befehl entgegen und beorderte Széchenyi nach Breitenfeld, damit auch der schwedische Kronprinz Bernadotte den Angriffstermin wisse. Mit einem frischen Pferd versehen, kehrte der Graf am Morgen des 18. Oktober zu Schwarzenberg zurück. Der Angriff konnte beginnen.[35]

Der dritte Tag: 18. Oktober

Am 18. Oktober, um sieben Uhr früh, gab Schwarzenberg den Befehl zum Angriff. Von allen Seiten wurde die französische Armee zusammengedrängt – in sehr verlustreichen Kämpfen für alle Kriegsparteien. Lediglich im Westen bestand eine kleine Lücke zwischen den alliierten Armeen, die offenbar bewusst nicht geschlossen wurde. Auf eine entsprechende Frage antwortete Schwarzenberg Jahre später: »Wir hatten nicht so viel Truppen, um alle Ausgänge stark genug zu besetzen, auch ist es nicht immer ratsam, einen Feind, der noch Kräfte hat, zur Verzweiflung zu bringen.«[36]

In der Stadt hatte sich die Situation weiter zugespitzt, ohne dass für die Bewohner irgendeine Entwicklung klar erkennbar gewesen wäre. Beinahe schon resigniert vermerkte Friedrich Rochlitz in seinem Tagebuch: »Im Grunde sind wir, im Mittelpunkt der Dinge selbst, unwissend und werden abgefertigt wie Kinder.«[37] Als im Laufe des Tages die ersten Kanonenkugeln in Wohnhäusern einschlugen, zeichnete sich ab, dass sich die Kampfhandlungen immer stärker der Stadt näherten. Im Tagebuch von Friedrich Rochlitz sind die dramatischen Szenen festgehalten, die sich nun in Leipzig abspielten:

Eine mit Recht vorzüglich geachtete Familie ist während der schrecklichen Kanonade versammelt – der Vater, die Mutter, die Kinder. Eines von diesen, ein etwa zweijähriges Mädchen, wird von der Mutter auf dem Schoße gehalten. Da fällt eine Granate ins Haus, ins Zimmer. Sie zerspringt, ein Stück reißt der Kleinen an der Mutterbrust ein Ärmchen ab. Die Mutter schreiet und jammert überlaut: »Gute Mutter«, sagt der kleine Engel, »weine nicht, es wächst mir ein andres; nicht wahr, Vater?«[38]

Deutlich zeigten die Einschläge in die Wohnhäuser an, dass die französische Armee ihre Stellungen nicht mehr länger halten konnte. Die Schlacht war damit bereits entschieden, als ein Ereignis eintrat, das maßgeblich zur Legendenbildung um die Völkerschlacht beitragen sollte – und zwar sowohl von deutscher als auch von französischer Seite: Die bisher aufseiten Napoleons kämpfende sächsische Infanterieeinheit und eine württembergische Kavalleriebrigade liefen zu den Verbündeten über.

Bereits während des gesamten Feldzuges hatten viele sächsische Soldaten gehofft, dass aus der bisherigen Waffenhilfe für Napoleon endlich ein Kampf gegen die Franzosen werden würde. Unter dem Eindruck der französischen Siege im Frühjahr 1813 hatte sich der sächsische

König jedoch entschlossen, das Bündnis mit Napoleon zu erneuern. Die Folge waren zahlreiche Desertionen im Sommer. Hinzu kam, dass die sächsischen Soldaten ihren französischen Bundesgenossen hier in Sachsen übel nahmen, was sonst als normaler Vorgang im Kriegsalltag gewertet worden wäre: das schonungslose Requirieren von Lebensmitteln bei der Bevölkerung. Am 9. Oktober, also unmittelbar vor der Völkerschlacht, hatten die sächsischen Truppen Napoleon deshalb das übliche »Vive l'empereur« verweigert.

Den Seitenwechsel der Sachsen in der Völkerschlacht beschrieb ein beteiligter Soldat wie folgt:

Wir erhielten Befehl, das Geschütz aufzuprotzen und avancierten so, was wir nur laufen konnten, auf den Feind los. Als wir so athemlos, was die Pferde nur noch leisten konnten, einige Schritte zurückgelegt hatten, kamen mehrere Regimenter Kosaken auf uns zu gesprengt, die, als sie sich uns näherten, ein Freudengeschrei ausstiessen, zwischen uns durchsprengten, um uns, die wir, wie wir nun sahen, zu dem Feinde übergingen, den Rücken zu decken, da die Franzosen, die unser Vorhaben nun errathen haben mochten, ein mörderisches Feuer hinter uns drein gemacht haben sollen.[39]

Obwohl die einfachen Soldaten, wie der Bericht zeigt, vom Seitenwechsel vollkommen überrascht wurden – er beruhte auf einer Entscheidung des sächsischen Offizierskorps –, wurde er auf deutscher Seite bald als Akt nationaler Selbsterkenntnis gedeutet, als ein Beispiel für das Zusammenwachsen der deutschen Nation im Kampf. Durch einen Willensakt der einfachen Soldaten, die vom fremden Tyrannen abfielen und sich zur Sache ihres Volkes bekannten, wäre die Schlacht entschieden und die deutsche Nation geboren worden – so hieß es in vielen populären Darstellungen der Befreiungskriege bis weit ins 20. Jahrhundert hinein.[40]

Auch auf französischer Seite setzte bereits kurz nach dem Übertritt der Sachsen und Württemberger die Legendenbildung ein: Er diente Napoleon dazu, die Gründe für die Niederlage nicht bei sich zu suchen, sondern auf Verrat zurückzuführen. In dem von ihm verfassten Bulletin der französischen Armee heißt es:

Um 3 Uhr nachmittags war auf unserer Seite gegen die Schlesische Armee (unter dem Befehl Blüchers), sowie auf der Seite, wo sich der Kaiser befand, der Sieg unser. Allein in diesem Augenblick ging die sächsische Armee sowie die württembergische Kavallerie zum Feinde über. Durch diesen Verrat entstanden nicht nur Lücken in unseren Linien, sondern der Feind kam auch in den Besitz der wichtigsten Zugänge. Er war damit nur noch eine halbe Stunde von Leipzig entfernt.[41]

Am Abend des 18. Oktober war der Ring um Leipzig eng geschlossen. Zum Sturm auf die Stadt kam es allerdings nicht mehr. Doch noch in der Nacht begann der Abzug des französischen Heeres – durch eben jene Lücke, die Schwarzenberg den Franzosen bereitwillig offen gehalten hatte.

Der vierte Tag: 19. Oktober

Für die Bewohner Leipzigs stellte sich am Morgen des 19. Oktober vor allem die Frage, inwieweit die Stadt, nachdem sie die bisherige Schlacht bis auf einige Kanoneneinschüsse relativ glimpflich überstanden hatte, nun doch noch zum Zentrum der Kämpfe werden würde. Spätestens seit drei Uhr nachts war ihnen nicht mehr verborgen geblieben, dass sich die französischen Truppen zum Abzug bereitmachten. Ebenso deutlich war aber auch festzustellen, dass die Franzosen keineswegs daran dachten, die Stadt kampflos zu räumen. Der Rückzug musste so lange wie möglich vor den Alliierten verborgen gehalten werden und durfte keineswegs in eine planlose Flucht münden. Für Johann Daniel Ahlemann war die Nacht vom 18. auf den 19. Oktober die schrecklichste der gesamten Schlacht:

Alle Gefangenen wurden von dem Gottesacker entfernt und an ihrer Statt marschierten in aller Geschwindigkeit Franzosen auf, welche Schießlöcher in die Gottesackermauer schlugen und dieselbe stark besetzten; etliche fünfzig Mann drangen in meine Wohnung, vertrieben mich mit meiner Familie, schlugen die Fenster hinaus und postierten sich daran im ersten und zweiten Stock nach der Straße zu.[42]

Während der Rückzug der französischen Armee in vollem Gange war, verstärkten die Verbündeten den Druck auf die Stadttore, die nun heftig umkämpft wurden. Noch am Vormittag gelang es den ersten Einheiten, in die Stadt einzudringen.

Der Rückzug der Franzosen war mittlerweile trotz aller Vorkehrungen in eine ungeordnete Flucht übergegangen. Ihnen blieb nur eine einzige Brücke, die als Übergang über die Elster unzerstört geblieben war. Bereits in der Nacht war sie mit einer Sprengladung versehen worden, um es den Verbündeten nach dem Abzug der letzten französischen Einheiten unmöglich zu machen, die Verfolgung aufzunehmen. In seiner Panik, zu spät zu handeln, löste der zuständige Brückenkommandant jedoch bereits um zwölf Uhr, als der französische Rückzug noch in vol-

Die ganze Nacht vom 18. auf den 19. Oktober dauerte der Rückzug der französischen Armee aus Leipzig. Napoleon verließ die Stadt in den frühen Morgenstunden des 19. Oktober 1813.

lem Gange war, die Sprengung aus. Die Brücke war sofort vollkommen zerstört, ganze Quader wurden aus der Brücke gerissen und flogen durch die Luft. Noch in 75 Meter Entfernung sollen Personen zu Boden geschleudert worden sein. Das nachrückende französische Heer geriet in Panik; viele Soldaten wurden in die Elster gedrückt und ertranken. Fast ein Drittel der französischen Armee wurde vom Hauptheer abgeschnitten; Zehntausende Soldaten gerieten in Gefangenschaft.[43]

Neben dem Übergang der Sachsen und Württemberger auf die Seite der Verbündeten ist die vorzeitige Sprengung der Elsterbrücke das zweite Ereignis der Völkerschlacht, das der französischen Überzeugung, die Völkerschlacht sei nicht wirklich eine entscheidende Niederlage gewesen, Vorschub leistete. Im Bulletin der französischen Armee heißt es:

Die Verluste durch das unglückliche Ereignis sind noch nicht auszumachen, aber man rechnet mit annäherungsweise 12 000 Mann und mehreren hundert Wagen. Die Verwirrung, die dadurch in der Armee entstanden ist, hat die Lage völlig verändert: die siegreiche französische Armee kommt in Erfurt wie eine geschlagene Armee an.[44]

Die Sprengung der Elsterbrücke machte jeden weiteren Kampf sinnlos. Um 14.30 Uhr waren alle Gefechte vorüber. Die Völkerschlacht war beendet. Friedrich Rochlitz beschreibt den Jubel, der nun in Leipzig einsetzte:

Mit dem Anruf »Brüder mit uns!« stürzten ganze Haufen einander in die Arme. So überströmend, so trunken die Freude war, so fiel doch nicht die geringste Ausschweifung vor; kein Menschen, auch nicht einer wurde beleidigt; alles sprach nur mit oder ohne Worte aus: »Wir wollen einig sein ein Volk von Brüdern; in keiner Not uns Fürchten noch Gefahr.«[45]

Leipzig nach der Schlacht

Der Jubel währte nur kurz. Bereits unmittelbar nach den Kämpfen machte sich angesichts der Situation in den Lazaretten, auf den Schlachtfeldern und in den Straßen Ernüchterung breit. Am 21. Oktober wurde Leipzig unter Zwangsverwaltung gestellt und als Stadtkommandant der russische Oberst Prendel eingesetzt, der jetzt mit drakonischen Zwangsmaßnahmen versuchte, die Ordnung wiederherzustellen. Die Schlachtfelder waren nach dem Ende der Kämpfe von Plünderern regelrecht überflutet worden. Nicht nur Marketenderinnen, sondern auch ärmere Einwohner aus Leipzig und Umgebung, die durch die Schlacht mitunter ihre gesamte Habe verloren hatten, versuchten, dort etwas von Wert zu ergattern. Eisenteile, Leder, Kleidungsstücke, Patronenhülsen, selbst Kanonenkugeln und die Schweife der toten Pferde wurden aufgelesen, ausgegraben oder abgeschnitten und anschließend weiterverkauft. Ein Leipziger Stadtreferent berichtet, dass unter allen Beutesuchenden diejenigen die merkwürdigsten gewesen seien,

welche den Toten die Kinnladen aufbrachen und die schönsten und weißesten Zähne herausrissen, um sie zum Einsetzen in der Folge zu verkaufen. Referent hörte, dass solche Zähne, die nur selten zu haben sind und statt deren man sich immer mit Kälberzähnen behelfen muss, sehr teuer bezahlt werden.[46]

Langfristig gesehen ging von den Schlachtfeldern große Gefahr aus. Die unbestatteten Leichen begannen zu verwesen; es drohte der Ausbruch von Seuchen. Prendel ordnete Zwangsarbeit an, um die Leichen möglichst schnell zu begraben. Am 29. Oktober verfügte er:

Das Vergangene muss für die erste Zukunft unschädlich und nach Möglichkeit vergessend gemacht werden. Dies bezieht sich hauptsächlich dahin, dass durch

Eingrabung aller Körper, welche unumgänglich ansteckende Krankheiten herbei-
führen müssen, Bedacht genommen werde [...].

Prendel forderte die Bewohner Leipzigs darum unter Androhung här-
tester Strafmaßnahmen auf, »an die Sache ernstlich Hand anzulegen,
damit sowohl todte Menschen als crepierte Pferde schleunigst unter die
Erde gebracht werden.«[47]

Doch nicht nur auf den Schlachtfeldern vor den Toren Leipzigs,
sondern auch innerhalb der Stadt wurde man der Leichen und der Lei-
chenteile nicht mehr Herr. Der Mediziner Reil berichtete:

Auf dem offenen Hof der Bürgerschule fand ich einen Berg, der aus Kehricht
und Leichen meiner Landsleute bestand, die nackend lagen und von Hunden und
Raben angefressen wurden, als wenn sie Missetäter und Mordbrenner gewesen
wären. So entheiligt man die Überreste der Helden, die dem Vaterlande gefallen
sind.[48]

An eine ordnungsgemäße Bestattung der Leichen war jedoch nicht einmal zu denken. Obwohl die meisten zur Desinfizierung gekalkt und
ohne Sarg in schnell ausgehobenen Massengräbern beigesetzt wurden,
sollte es Monate dauern, bis die letzten Gefallenen beerdigt waren.

Ein weiteres Problem waren die vielen gefangenen französischen
Soldaten, die sich in der Stadt aufhielten und nicht versorgt werden
konnten. Ein Augenzeuge berichtete, dass französische Soldaten in
ihrer Not »an gefallene Pferde, die bereits in Fäulnis übergegangen
waren, herankrochen, mit kraftlosen Händen irgendein stump-
fes Messer in die Hinterkeulen bohrten, das Fleisch herauszogen
und Aas verzehrten. Selbst von abgelösten menschlichen Gliedern
schnitt man Fleisch herunter und bratete es zur Stillung des wü-
thenden Hungers!«[49] Als der Leipziger Johannisfriedhof, der in der
Zwischenzeit in ein Kriegsgefangenenlager umgewandelt worden
war, vierzehn Tage nach der Schlacht geräumt wurde, zeigte sich
dem Totengräber Johann Daniel Ahlemann ein Bild der Verwüstung
und des Elends:

Viele der Gefangenen, in bloße Gerippe verwandelt, wurden in Wagen nach
den Lazaretten geschafft, da sie nicht zu gehen vermochten. [...] Jetzt erst sah
man die Verwüstung des vorher so schönen Gottesackers, der mit allen Arten
zerbrochener Waffen, Patronentaschen, Hüten, Montierungen, Tornistern und
allem, was der Soldat bei sich führt, sowie mit herbeigeschafften Gerätschaften
bedeckt war, alles in Kot getreten, welcher einen abscheulichen Geruch verbreitete.[50]

Am schlimmsten jedoch waren die Zustände in den Lazaretten. Die Anzahl der Verwundeten war so groß, dass jetzt auch Fachunkundige sich an Amputationen versuchen mussten. Wieder ist es der Mediziner Reil, der ein erschütterndes Dokument hinterlassen hat:

Viele Amputationen sind versäumt, andere werden von unberufenen Menschen gemacht, die kaum das Barbiermesser führen können und die Gelegenheit nützen, ihre ersten Ausflüge an den verwundeten Gliedern unserer Krieger zu versuchen. Einer Amputation sah ich mit zu, die mit stumpfen Messern gemacht wurde. Die braunrothe Farbe der durchsägten Muskeln, die fast schon zu athmen aufgehört hatten, des Operierten nachmalige Lage und Pflege gaben mir wenig Hoffnung zu seiner Erhaltung. An Wärtern fehlt es ganz. Verwundete, die nicht aufstehen können, müssen Koth und Urin unter sich gehen lassen und faulen in ihrem eigenen Unrath an. Für die gangbaren sind zwar offene Bütten ausgesetzt, die aber nach allen Seiten überströmen, weil sie nicht ausgetragen werden.[51]

Angesichts dieser Zustände war die Ausbreitung von Seuchen nicht zu verhindern. In den Lazaretten schwelte seit der Schlacht der Typhus und breitete sich nun auf die ganze Stadt aus. Wie hoch die Sterbeziffer der verwundeten und kranken Soldaten damals war, ist nicht mehr zu ermitteln. Statistiken gibt es lediglich über die Opfer unter der Zivilbevölkerung: Demnach erlagen von Januar 1813 bis Juni 1814 3 271 Menschen dem Typhus – also etwa 10 Prozent der Bevölkerung. Ein ähnlicher Prozentsatz wird auch für die Dörfer um Leipzig vermutet, in denen die Seuche ebenfalls grassierte.

Rund sechzig Ortschaften in unmittelbarer Nähe Leipzigs waren im Zusammenhang mit der Völkerschlacht zerstört worden. Ein Großteil der Ernte war vernichtet, das meiste Vieh durch die requirierenden Soldaten fortgenommen worden. Und auch die Aufbaumaßnahmen kamen, da die finanziellen Mittel knapp waren, nur schleppend in Gang. Mehrere Jahre hatten Leipzig und sein Umland mit den Folgen der Schlacht zu kämpfen. Ganze drei Jahre sollte es dauern, bis das letzte während der Völkerschlacht eingerichtete Lazarett aufgelöst werden konnte.

Die Friedensordnung

Mit dem Sieg der Verbündeten in der Völkerschlacht war Napoleons Herrschaft über Deutschland gebrochen. Der Rheinbund löste sich auf. Die deutschen Territorialstaaten, die noch an der Seite Napoleons

Eine zeitgenössische Karikatur zeigt, wie sich Napoleon an Leipzig die Zähne ausbeißt.

gekämpft hatten, beeilten sich, Verträge mit Österreich, der Führungsmacht der Verbündeten, abzuschließen, um ihre Existenz für die Zukunft zu sichern. Der Krieg wurde nun nach Frankreich hineingetragen, um Napoleon endgültig zu besiegen.

Der Wiener Kongress, auf dem 1815, nach dem vollständigen Sieg über Napoleon, die Verhältnisse in Europa neu geordnet wurden, musste auf die deutsche Nationalbewegung wie eine Kampfansage wirken. Schon der Charakter des Kongresses, der in seiner Außenwirkung einem gewaltigen höfischen Fest glich, auf dem die siegreichen europäischen Fürstenhäuser ihren Sieg über Napoleon feierten, war eine offene Provokation.

Dominiert wurde der Kongress von Klemens Wenzel Lothar, Fürst von Metternich, dem österreichischen Kanzler, als Sprecher der Führungsmacht der antinapoleonischen Koalition. Schon aufgrund seiner starken Position war die Schaffung eines deutschen Nationalstaates unter Preußens Führung, wie sie von der Nationalbewegung gefordert wurde, vollkommen undenkbar. Vom 15. Jahrhundert bis zum Jahr 1806 war das Heilige Römische Reich Deutscher Nation von einem habsburgischen und damit katholischen Kaiser regiert worden. Jetzt nach dem Sieg über Napoleon einen Hohenzollern und damit einen Protestanten zum neuen deutschen Kaiser zu küren, entsprach nicht den realen Machtverhältnissen und musste nicht nur auf den erbitterten Widerstand Österreichs, sondern auch auf Bedenken bei den vorwiegend katholischen Territorialstaaten Südwestdeutschlands stoßen. Und auch der preußische König ließ erkennen, dass er sich keineswegs als zukünftiger deutscher Kaiser sah.

Vollkommen ignorieren konnte der Wiener Kongress den Ruf nach einer neuen und wirksamen Form der deutschen Einheit allerdings nicht. Das Ergebnis der Bemühungen war der so genannte Deutsche Bund, ein lockerer Staatenbund der 41 deutschen Territorialstaaten, der im Bundestag, einem in Frankfurt am Main tagenden ständigen Gesandtenkongress, sein einziges zentrales Organ hatte.[52]

Kampf um die Deutungsmacht

Ihr wichtigstes Kriegsziel, die Schaffung der deutschen Einheit, hatte die deutsche Nationalbewegung also nicht erreicht. Den Kampf um die Deutungsmacht gab sie jedoch deswegen nicht verloren. Bereits unmittelbar nach der Völkerschlacht hatte die Auseinandersetzung darüber begonnen, wie dieses Ereignis symbolisch zu interpretieren sei – und auch hier zeigte sich, dass die Allianz zwischen der Nationalbewegung und Preußen jeder Grundlage entbehrte: Am Morgen des 19. Oktober 1813 war ein Bote aus Leipzig losgeritten, um die Siegesnachricht nach Berlin zu bringen. Bei seinem Einzug in die Hauptstadt am Morgen des 21. Oktober wurde er von 24 Postillionen mit Blasinstrumenten und dem Läuten der Kirchenglocken begleitet. Auf dem Schlossplatz verlas er schließlich die Siegesnachricht. Für den folgenden Sonntag wurde sofort eine Siegesfeier angesetzt, für die der preußische König aus Leipzig in seine Residenz zurückkehrte. Wiederum unter Glockengeläut zog Friedrich Wilhelm III. durch das Brandenburger Tor in die Stadt ein. Es folgte ein feierlicher Gedenkgottesdienst; vor den Kirchentüren wurde für die Kriegsversehrten sowie die Hinterbliebenen der getöteten Soldaten gesammelt. Anschließend ertönten 101 Kanonenschüsse, gefolgt von einer Truppenparade, die der König selbst abnahm. Den feierlichen Abschluss des Tages bildete eine Galavorstellung in der Berliner Oper; als der preußische Monarch seine Loge betrat, erhoben sich die geladenen Gäste und sangen ihm zu Ehren die Hymne »Heil Dir im Siegerkranz«.[53]

Es war also eine rein monarchisch-dynastische Feier mit starker protestantisch-religiöser Komponente, die Friedrich Wilhelm in Berlin ausrichten ließ – und er begründete damit eine Tradition, die für das offizielle Gedenken der Völkerschlacht für mehrere Jahrzehnte bestimmend war. Die Nationalbewegung stieß er damit regelrecht vor den Kopf. Es mag unter dem Eindruck dieser Berliner Festlichkeit gewesen sein, dass Ernst Moritz Arndt seine Schrift *Ein Wort über die Feier der Leipziger Schlacht* verfasste, die ein Jahr später, 1814, in Frankfurt am Main erschien. In ihr regte Arndt ein »Nationalfest der Teutschen, als ein starkes und mächtiges Bindungsmittel in ächter und alter deutscher Brüderlich-

keit und Redlichkeit« an – allerdings nicht als Ersatz, sondern als Ergän-
zung der staatlichen Feiern. Als Datum schlug er den Tag des Sieges,
den 18. Oktober, vor. Am Abend dieses Tages sollten »in den Grenzen
von ganz Germanien« Höhenfeuer entzündet werden und in allen Liebes-
und Freudeszeichen den Nachbarländern verkündet werden, dass jetzt in
Deutschland nur noch »Ein Gefühl und Ein Gedanke« herrsche.[54]

Im ersten Jahr nach seiner Veröffentlichung fand Arndts Vorschlag
rege Verbreitung. In vielen deutschen Gebieten kam es offenbar tatsächlich zu den von Arndt angeregten Feierlichkeiten. Er selber stand
an diesem Tag auf dem Gipfel des Feldberges im Taunus, umringt von
»Tausenden fröhlicher Menschen« und sah den Himmel ringsum »in

Das Völkerschlachtdenkmal

Erste Vorschläge zum Bau eines Denkmals gab es bereits unmittelbar nach der Völkerschlacht. Der Schriftsteller Ernst Moritz Arndt
schlug vor, einen gewaltigen Erdhügel zu errichten, auf dem ein kolos-
sales Eisernes Kreuz thronen solle. Der sächsische König Friedrich
August I., der während der Schlacht noch zu Napoleon gehalten hatte
und durch die Friedensordnung des Wiener Kongresses Teile seines

Zur Erinnerung an die Leipziger Schlacht wurde im Süden Leipzigs von 1900 bis
1913 das Völkerschlachtdenkmal errichtet. Es gilt als der größte Denkmalbau
Europas.

der Nähe und Ferne von mehr als fünfhundert Feuern geröthet«.[55] In den Folgejahren ist das Fest jedoch in vielen deutschen Fürstentümern, vornehmlich in denen, die 1813 noch aufseiten Napoleons gekämpft hatten, verboten worden. In Bayern und Baden wurden die Festlichkeiten zwar toleriert, aber in keiner Weise gefördert – und auch in Preußen fand Arndts Vorschlag von offizieller Seite keine Unterstützung. Der Interessengegensatz zwischen Preußen und der deutschen Nationalbewegung war damit, nicht nur in der Frage der konkreten Kriegsziele, sondern auch in der symbolischen Interpretation der Ereignisse offen zutage getreten.

Von Beginn an generierte die Völkerschlacht damit nicht *einen* Mythos, sondern war Gegenstand verschiedener, konkurrierender Erinnerungen und Perspektiven. Je nach Bedarf schien es möglich, sich der Einzelaspekte der Schlacht zu bedienen, um die jeweils eigene Sicht zu stützen: Während die Nationalbewegung versuchte, den Anteil der Freiwilligenverbände und Freikorps am Ausgang der Schlacht

Herrschaftsgebietes an Preußen verlor, verbot jedoch 1815 alle Feiern zur Erinnerung an die Schlacht; auch die Errichtung eines Denkmals wurde dadurch unmöglich.

Erstmals 1863 fand zum 50. Jahrestag der Schlacht in Leipzig eine große Gedenkveranstaltung statt, auf der auch Veteranen der Völkerschlacht sprachen. Nach der Gründung des deutschen Kaiserreiches im Jahr 1871 wurden die Pläne zur Errichtung eines Denkmals wieder aufgegriffen. Im Jahr 1894 gründete sich der deutsche Patriotenbund, der den Sieg gegen Napoleon als Geburtsstunde der deutschen Nation verstand. Er sammelte Spenden und trieb den Denkmalsbau massiv voran. Im Jahr 1900 wurde schließlich der Grundstein gelegt. 13 Jahre später, am 18. Oktober 1913 konnte das Völkerschlachtdenkmal in Anwesenheit des deutschen Kaisers Wilhelm II. eingeweiht werden.

In der Gestaltung griff der maßgebende Architekt Bruno Schmitz bewusst auf Elemente aus der germanischen Mythologie zurück und verzichtete auf alle als »undeutsch« empfundenen Stilmittel. Hatten einige Entwürfe aus den neunziger Jahren des 19. Jahrhunderts noch den Gedanken der europäischen Einigung in den Vordergrund gestellt, so war nun mit dem gebauten Entwurf ein deutsches Nationaldenkmal entstanden, das in seiner eindeutigen Aussage von Beginn an umstritten war.

»Überall wo man hinsah ausgeweidete Körper, Leichen mit abgerissenen Armen und Füßen und halben Schädeln, Blut und Kadaver«,[1] so beschreibt Florian Kühnhauser, ein Soldat aus dem kleinen bayerischen Dorf Tettenhausen am Waginger See, das Schlachtfeld von Sedan, als er es am Tag nach den Kämpfen besuchte: »Noch entsetzlicher ist der Anblick der Opfer der berstenden Granate , denn dieses unmenschliche Geschoss zerfetzt, zerreißt, verbrennt und schindet den menschlichen Körper überall und reißt sein Opfer buchstäblich in Fetzen.«[2]

Nur einen Tag hatte die Schlacht bei Sedan gedauert, der Anblick des Kampfplatzes jedoch übertraf alles bis dahin Gesehene. Die preußisch-deutsche Armee hatte ihre gesamte Artillerie unter einer zentralen Befehlsgewalt massiert und zum ersten Mal in der europäischen Geschichte das Feuer nicht auf feindliche Artilleriestellungen konzentriert, sondern auf die einfachen französischen Soldaten gerichtet, die sich schutzlos vor den Toren der Stadt befanden und in Panik gerieten. Schützengräben, wie sie 45 Jahre später im Ersten Weltkrieg Wirklichkeit werden sollten, gab es noch nicht. Sedan nahm damit in mancher Hinsicht Elemente der Kriegführung aus den Weltkriegen des 20. Jahrhunderts vorweg.[3]

Für den deutschen Generalstab, der mit diesem Vorgehen die Entscheidung erzwang, markierte die Schlacht einen Wendepunkt der Kriegsgeschichte, für die einfachen Soldaten auf dem Schlachtfeld jedoch war sie ein Schock. Ihnen hatte sich in Sedan zum ersten Mal das Gesicht des modernen Krieges gezeigt:

Auf das Gemüt machen entschieden den größten Eindruck die verschiedenen Gesichtsausdrücke der Toten; schaudernd wendet man den Blick ab von den durch furchtbaren Schmerz grauenvoll verzerrten Gesichtern der Unglücklichen, deren ganzer Körper nicht selten mit Blut besudelt war.[4]

Unter der Drohung, das fürchterliche Bombardement fortzusetzen, kapitulierte die französische Armee am 2. September 1870. Über 100 000 Mann traten den Weg in die Kriegsgefangenschaft an, unter ihnen befand sich auch Napoleon III., der französische Kaiser. Der Deutsch-Französische Krieg schien damit beendet – so offensichtlich war die deutsche Überlegenheit.

Neben ihrer Bedeutung als Wendepunkt in der Kriegsgeschichte ist die Schlacht bei Sedan deshalb auch als klassische Entscheidungsschlacht in die Geschichte eingegangen. Und als solche hat sie einen Mythos begründet – in Deutschland und, unter vollkommen anderen Vorzeichen, in Frankreich. In Erinnerung geblieben sind der deutsche Sieg und die französische Niederlage. Die Wirklichkeit des Krieges, der Schrecken des Schlachtfeldes geriet in Vergessenheit.

Der Mythos Sedan

In Deutschland endet mit der Schlacht bei Sedan die historische Wahrnehmung des Deutsch-Französischen Krieges. Der weitere Kriegsverlauf kommt in den meisten Darstellungen gar nicht vor; er erscheint kaum erzählenswert. Erst mit der Gründung des Deutschen Reiches und der Proklamation Wilhelms zum deutschen Kaiser am 18. Januar 1871 setzt das historische Gedächtnis wieder ein. Die Kaiserproklamation erscheint so als unmittelbare Folge des Sieges bei Sedan. Alles, was dazwischen passierte, immerhin viereinhalb Monate Krieg, wird weitgehend ausgeblendet. Der 2. September 1870 und der 18. Januar 1871 – in der deutschen Erinnerungskultur sind beide Ereignisse nicht voneinander zu trennen.[5]

In Frankreich ist dies anders. Auch im französischen Geschichtsbewusstsein markiert die Schlacht bei Sedan einen entscheidenden Wendepunkt. Doch Sedan wird nicht so sehr als Niederlage Frankreichs, sondern vor allem als Niederlage des Kaiserreichs unter Napoleon III. angesehen. Die eigentliche Geschichte dieses Krieges endet nicht, sie beginnt sogar erst mit der Schlacht bei Sedan: Zwei Tage nach der Kapitulation der französischen Armee, die eine Berufsarmee gewesen war, wurde in Paris die Republik ausgerufen – und diese Republik nahm mit eilig aufgestellten Freiwilligenverbänden den Kampf gegen die deutschen Truppen erneut auf. Es hat des Schocks von Sedan bedurft, um das Land aus seiner Agonie zu reißen – so ungefähr kann man die französische Haltung zusammenfassen. Der folgende Abwehrkampf gegen das deutsche Heer wurde, obwohl er militärisch sinnlos war und verloren ging, zu einer Art Gründungsmythos der Republik.

Der Grund für diese gegeneinander verschobenen Wahrnehmungen ist, dass der Krieg 1870/71 in Deutschland wie in Frankreich in einem extremen Ausmaß von innenpolitischen Konflikten überlagert war. Vor allem in Deutschland war er von Anfang an als ein mythologischer Krieg konzipiert, der hinsichtlich der offenen deutschen Frage identifikatorisch, also einheitsstiftend wirken sollte.

Otto von Bismarck, der Kanzler des Norddeutschen Bundes, wollte Preußen endlich zu einer europäischen Macht formen und die deutsche Kleinstaaterei beenden. Dafür brauchte er einen Krieg – am besten gegen Frankreich. Frankreich war seit den napoleonischen Kriegen so etwas wie der Lieblingsgegner der Deutschen. In der Zeit der französischen Besatzung seit 1806 und in den anschließenden Befreiungskrie-

Otto von Bismarck

Otto von Bismarck ist eine der widersprüchlichsten Personen der deutschen Geschichte. Als preußischer Außenminister und Ministerpräsident ab 1862, als Bundeskanzler des Norddeutschen Bundes ab 1867 und als Kanzler des Deutschen Reiches von 1871 bis 1890 prägte er über mehrere Jahrzehnte die deutsche Politik. Aufgrund seiner repressiven Innenpolitik ist er bis heute eine Ikone der Konservativen. Durch sein Eintreten für die deutsche Einheit wurde er zudem zu einer Identifikationsfigur des politischen Liberalismus.

Im Feuer eines Krieges mit Frankreich schmiedet Otto von Bismarck, der Kanzler des Norddeutschen Bundes und spätere Reichskanzler, die deutsche Einheit.

gen der Jahre 1813–1815 hatte die deutsche Nationalbewegung sich formiert.[6] An diesen Schwung, an diese Euphorie wollte Bismarck anknüpfen, obwohl es einen wirklichen Konflikt mit Frankreich gar nicht gab. »Dass die deutsche Einheit durch gewaltsame Ereignisse gefördert werden würde, halte auch ich für wahrscheinlich«, schrieb er in einem Erlass vom 26. Februar 1869.[7] Wichtigste Voraussetzung dafür war freilich, dass Preußen von Frankreich angegriffen würde. Nur so war die Zustimmung breiter Bevölkerungsschichten garantiert; und nur so konnte verhindert werden, dass andere Staaten im Rahmen von Bündnisverpflichtungen aufseiten Frankreichs in den Krieg einträten.

In Frankreich gab es zur selben Zeit eine ähnliche Bereitschaft zum Krieg, obwohl ein tatsächlicher Kriegsgrund ebenso wenig existierte wie in Preußen. Die innenpolitische Lage war äußerst labil. Die Bereitschaft zum Waffengang speiste sich aus der Hoffnung, durch militärische Erfolge und damit durch das Erwecken nationaler Emotionen das unpopuläre Zweite Kaiserreich unter Napoleon III. zu stabilisieren und die drohende Revolution abzuwenden. Die Kriegsbefürworter hatten sich um Außenminister Antoine de Gramont geschart. Die Haltung Kaiser Napoleons III. hingegen war ambivalent. Mehr noch als er ihn wünschte, fürchtete er den Krieg. Auch der Kaiser erkannte die Chance, durch einen glänzenden Sieg in der Schlacht das internationale Prestige Frankreichs zu erneuern und seine Herrschaft zu sichern. Doch er wusste, dass schon eine einzige verlorene Schlacht das Ende seiner Regentschaft bedeuten konnte.

Bismarck charakterisierte die Situation Napoleons im Jahre 1868 folgendermaßen:

> Die unter seiner Ägide durchgeführten Sozialreformen, mit denen unter anderem die Renten- und die Krankenversicherung in Deutschland allgemein etabliert wurden, haben ihn außerdem zu einem Vorkämpfer des modernen Sozialstaates gemacht. Aufgrund seiner gegen den Einfluss der katholischen Kirche (»Kulturkampf«) und der sozialistischen Bewegung (durch die so genannten Sozialistengesetze) gerichteten Politik hatte er sich bereits zu Lebzeiten den Hass breiter Bevölkerungsschichten zugezogen.
>
> Am 20. März 1890 wurde der »Eiserne Kanzler« von Kaiser Wilhelm II., der die Sozialistengesetze abschaffen und den Kulturkampf beenden wollte, entlassen. Bismarck starb am 30. Juli 1898 in Friedrichsruh bei Hamburg.

Ich glaube nicht, dass er persönlich diesen Krieg herbeisehnt, ich glaube sogar, er würde ihn lieber vermeiden, aber seine unsichere Lage wird ihn dazu treiben. Nach meiner Berechnung wird diese Krise in etwa zwei Jahren eintreten. Wir müssen natürlich darauf vorbereitet sein, und wir sind es auch. Wir werden siegen, und das Ergebnis wird das Gegenteil von dem sein, was Napoleon anstrebt, nämlich die vollständige Einigung Deutschlands außerhalb Österreichs und wahrscheinlich auch der Sturz Napoleons.[8]

Napoleon III.

Napoleon III. war der Neffe von Napoleon Bonaparte. Nach zwei gescheiterten Putschversuchen gegen den »Bürgerkönig« Louis Philippe gewann er im Dezember 1848 die Präsidentschaftswahlen der in der Revolution vom Februar 1848 entstandenen zweiten französischen

Napoleon III., der Neffe des großen Napoleon Bonaparte regierte Frankreich von 1848 bis 1870.

Die Vorgeschichte

Bedenkt man diese komplizierte Interessenlage, dann ist offensichtlich, dass die Vorgeschichte dieses Krieges kaum etwas über seine wirklichen Gründe aussagt. Und nur wenn man sich die grundsätzliche Disposition zum Krieg in beiden Ländern vor Augen führt, kann man begreifen, das ein von Bismarck redigiertes Telegramm, die berühmte »Emser Depesche«, genügte, diesen Krieg auszulösen.

Im Frühsommer 1870 kandidierte Erbprinz Leopold, der der katholischen Seitenlinie der Hohenzollern entstammte, für den vakanten spanischen Königsthron. Höchstwahrscheinlich hatte Bismarck Leopold gedrängt. Dass diese Kandidatur nicht durchzusetzen war, wird Bismarck von Anfang an klar gewesen sein. Er wollte Frankreich provozieren – mehr nicht. Die französische Regierung jedoch stolperte prompt in die aufgestellte Falle. Umgehend forderte sie vom preußischen König Wilhelm den Thronverzicht. Außenminister Gramont erklärte am 6. Juli öffentlich, ein deutscher Prinz auf dem spanischen Thron bedeute eine untragbare Störung des europäischen Gleichgewichts. Wenige Tage später sprach Benedetti, der französische Botschafter in Preußen, in Bad Ems mit dem preußischen König und protestierte so energisch, dass Wilhelm, der in Bismarcks Pläne nicht eingeweiht war, einlenkte.

Er tat damit genau das, was Bismarck wünschte: Er lockte die französische Regierung noch tiefer in die Falle. Bei einem denkwürdigen zweiten Treffen mit Wilhelm forderte Benedetti im Auftrag Gramonts

Republik. Drei Jahre später setzte er in einem Staatsstreich diktatorische Vollmachten durch. Nach einem Plebiszit ließ er sich im Dezember 1852 zum Kaiser der Franzosen ausrufen. In seine Regierungszeit fällt die Umgestaltung von Paris unter der Leitung von Baron Haussmann und die erfolgreiche Teilnahme am Krimkrieg (1854–1856), durch den Frankreich seine Stellung als Großmacht ausbaute. Sein Regierungsstil bestand aus einer Mischung autoritärer und plebiszitärer Elemente. Durch außenpolitische Misserfolge und wirtschaftliche Krisen geriet seine Herrschaft in den sechziger Jahren immer stärker in die Kritik. Der Ausbruch des Deutsch-Französischen Krieges im Juli 1870 leitete das Ende seiner Herrschaft ein. Nach der Schlacht von Sedan begab sich Napoleon III. in deutsche Kriegsgefangenschaft. Als er daraus entlassen wurde, ging er ins Exil nach England, wo er am 9. Januar 1873 starb.

immerwährenden Thronverzicht. Dies wiederum war eine Forderung, der Wilhelm nicht nachgeben konnte, wollte er nicht eine Demütigung seines Hauses hinnehmen. Er gab dem Gesandten eine entschiedene, doch freundliche, die diplomatischen Gepflogenheiten achtende Antwort – und stieß dabei sogar auf Verständnis. Die Verabschiedung war freundlich: »Auf Wiedersehen in Berlin« – mit diesen Worten trennten sich Wilhelm und Benedetti.

In der festen Überzeugung, die Krise sei damit beigelegt, schickte Wilhelm eine Depesche über die Vorgänge an Bismarck, mit der ausdrücklichen Erlaubnis, diese zu veröffentlichen. Er ahnte nicht, dass er seinem Kanzler damit das entscheidende Werkzeug in die Hand gab. Bismarck kürzte den Bericht und stellte ihn um, bis die Erklärung Wilhelms viel barscher, die Abfuhr an Benedetti viel schärfer erschien, als sie in Wirklichkeit gewesen war:

Seine Majestät der König hat es abgelehnt, den französischen Botschafter nochmals zu empfangen, und demselben durch den Adjutanten vom Dienst sagen lassen, dass Seine Majestät dem Botschafter nichts weiter mitzuteilen habe.[9]

Dies war nicht der Sache nach, aber in der Wortwahl eine Provokation – und die Reaktion darauf war mit Sicherheit vorauszusehen. Eine solche Ohrfeige konnte Napoleon III., wollte er politisch überleben, nur mit einer Kriegserklärung beantworten. Am 14. Juli 1870 beschloss der französische Ministerrat die allgemeine Mobilmachung; die offizielle Kriegserklärung folgte fünf Tage später.[10]

Sagt die Vorgeschichte des Krieges damit kaum etwas über seine tatsächlichen Gründe aus, so ist sie doch ein Musterbeispiel für Bismarcks politische Meisterschaft: Gegen den Willen seines Königs gelang es ihm, den Krieg vom Zaun zu brechen – und nicht nur das: Er schaffte es sogar, Preußen dabei als das Opfer darzustellen. Nicht König Wilhelm, sondern Napoleon III. galt in der öffentlichen Meinung als Friedensbrecher. Keine der anderen großen Mächte in Europa sah sich angesichts dieser Entwicklung genötigt, auf Frankreichs Seite in den Krieg einzutreten. Bismarck hatte erreicht, was er wollte. Deutschland habe ein Recht sich zu verteidigen – dies war die schlichte, von Zurückhaltung geprägte Meinung auf dem internationalen Parkett.

Motivation und Feindbild

Es war nötig, die Vorgeschichte des Deutsch-Französischen Krieges in dieser Ausführlichkeit zu schildern, weil bereits sie mythologische Züge erhielt und den späteren Mythos der Sedanschlacht damit vorbereitete. Ohne diese Vorgeschichte, die Frankreich zum Täter, Deutschland aber zum Opfer macht, ist die Wirkung des Deutsch-Französischen Krieges als »Einigungskrieg« nicht zu verstehen. Frankreich steht dem empor-strebenden Deutschland im Wege – so die verallgemeinernde Betrachtung der französischen Motive. Der kommende Krieg würde die unerträglich gewordenen Spannungen zwischen den beiden Nationen regulieren – so die vergröbernde Wahrnehmung des deutsch-französischen Verhält-nisses. Die Folgerung aus dieser Wahrnehmung war kurz und bündig: Frankreich galt als der natürliche, gottgegebene Feind der Deutschen.

Dass Deutschland diesen Krieg brauchte, um Macht, Glanz, Größe und Einheit zu erlangen; dass Frankreich im nationalen Interesse besiegt werden musste – dies war der eigentliche Mythos, der sich aus der Vorgeschichte des Deutsch-Französischen Krieges speiste. Ohne diese Konstruktion wäre es kaum möglich gewesen, so nahtlos an das Feindbild aus den Befreiungs-kriegen gegen Napoleon anzuknüpfen, wie es nun geschah.

Besonders in Berlin und in Süddeutschland schlugen die Wellen der patriotischen Begeisterung hoch; Euphorie erfasste nahezu alle poli-tischen Gruppen und Bevölkerungsschichten. Voller Siegeszuversicht zogen die Männer in die Kasernen und dann weiter in den Krieg. Nie habe es einen Krieg gegeben, der »gerechter« gewesen sei – so empfand es die Mehrzahl der deutschen Soldaten.[11] Bei Florian Kühnhauser, dem bereits eingangs zitierten bayerischen Soldaten, liest sich das so:

Begeistert und mit tiefer seelischer Empfindung überschritt ich die Schwelle des Kasernentores. In allen Landestrachten und Ständen, der Bauer neben dem Künstler, der Flößer neben dem Studenten, der Gebirgler neben dem Beamten, der Arbeiter neben seinem Fabrikanten, der Stutzer neben dem Theologen, ka-men alle je nach der Größe zu stehen; in wenigen Minuten aber machte der blaue Rock Stand und Rang gleich, alle waren Soldaten und Vaterlandsverteidiger.[12]

Die weitere Schilderung Kühnhausers wirkt wie eine Eruption naiver Abenteuerlust:

Auch im Felddienst und Bajonettfechten wurde geübt, um sich mit den Turkos und Zuaven messen zu können; dabei wurden die tollsten Sprünge gemacht und Grimassen geschnitten. Farbige Abbildungen von französischen und preußischen

Truppen wurden uns gezeigt, um die verschiedenen Waffengattungen kennen zu lernen und um nicht die Preußen mit den Franzosen zu verwechseln. So verging eine ganze Woche; jeder war voll Begierde, sich mit dem Feinde messen zu können und sehnte die Stunde des Abmarsches herbei.[13]

Florian Kühnhauser ist kein Einzelfall. Begeisterungsbekundungen über den Kriegsausbruch finden sich in beinahe allen Tagebüchern und Memoiren deutscher Soldaten aus dieser Zeit. Nur selten verirrten sich kritische Untertöne in die Aufzeichnungen. Unterbrochen wurde die Euphorie nur durch Momente »feierlicher Stille«, »großer Teilnahme«, »tiefer Ergriffenheit« oder »stillem Ernst«:

Mit Eichenlaub zierten wir die Helme. Je näher wir an den Rhein kamen, desto größer wurde die Begeisterung. Mit Hurrah und Laufschritt stürmten wir der Brücke zu und unter den Klängen der Wacht am Rhein wurde der Strom überschritten. *Lieb Vaterland, magst ruhig sein – fest steht und treu die Wacht am Rhein.*[14]

Auf der französischen Seite ist das Bild nur auf den ersten Blick vergleichbar. Auch hier gab es bei Kriegsausbruch Begeisterungsstürme. Auch hier gab es Soldaten, die in den Cafés und Bistros bereits auf den Sieg anstießen. Doch in die Begeisterung mischte sich Skepsis, als deutlich wurde, wie unvorbereitet Frankreich im Gegensatz zu Preußen in diesen Krieg zog. Ein französischer Soldat, dessen Name und weiteres Schicksal unbekannt geblieben ist, notierte:

Hinterlader

Mitte des 19. Jahrhunderts kam es in der Gewehrtechnik zu einer bahnbrechenden Neuerung: Jahrhundertelang hatte das Vorderladergewehr die Kriegführung geprägt. Bei jedem Ladevorgang musste der Schütze stehend das Pulver in das Rohr schütten und anschließend die Kugel mit dem Ladestock nach unten in den Lauf schieben. Dies dauerte relativ lange, und der Schütze war während des Ladevorganges dem feindlichen Feuer schutzlos ausgeliefert. In der Konsequenz gab es Schlachtreihen, die dem Soldaten ein Gefühl von Sicherheit vermitteln sollten.

Im Laufe des 19. Jahrhunderts wurde in den meisten europäischen Armeen das Vorderladergewehr durch den Hinterlader ersetzt. Entscheidender Vorteil: Die Soldaten konnten ihre Gewehre nun auch im Sitzen oder im Liegen laden. Eine aus Schwarzpulver und Kugel

Einige wenige Kameraden, die wir als Miesepeter betrachteten, berichteten zögernd von der Schwäche unserer Ausrüstung. Man hielt ihnen siegessicher die offizielle Erklärung des Kriegsministers entgegen, es würde unseren Soldaten nicht ein Hosenknopf fehlen.

Besonders das Gerücht einer angeblichen Überlegenheit der preußisch-deutschen Artillerie machte die Runde und versetzte die französischen Soldaten in Unruhe:

> Im Café trafen wir einige Offiziere der Artillerie. Mit Verblüffung hörte ich einen von ihnen behaupten, dass die deutschen Kanonen größere Reichweite, höhere Schussgenauigkeit und eine höhere Ladegeschwindigkeit hätten als unsere.[15]

Unsicherheit über die Stärke des Gegners, aus Siegesgewissheit gespeister Leichtsinn – dies war die seltsame Mischung, mit der die französischen Soldaten in den Krieg zogen. Desertionen waren ein großes Problem. An der Ostgrenze standen Bataillone, die statt 800 nur 600 Mann zählten. In Paris soll der österreichische Militärattaché einen Kompaniechef bemerkt haben, der mit nur 50 Mann auf dem Bahnhof eintraf; auf den Rest, der in Cafés hängen geblieben war, musste er lange warten. Überliefert ist zudem die Anekdote, dass Napoleon III. von seinen Soldaten mit dem Ruf »un, deux, trois, merde!« – »eins, zwei, drei, Scheiße!« – empfangen wurde.

bestehende Papierpatrone wurde einfach von hinten in den Lauf geschoben und das Schloss hernach verriegelt. Eine Zündnadel, die sich rückwärtig in die Schwarzpulverladung bohrte, löste dann den Schuss aus.

Der Ladevorgang war damit nicht nur bedeutend schneller geworden, es war auch nicht mehr nötig, die Deckung aufzugeben und sich dem feindlichen Feuer auszusetzen. Schlachtreihen, die in Reih und Glied aufeinander zu marschierten, wie man sie aus den Kriegen zuvor kannte, gehörten damit der Vergangenheit an. Die letzte Schlacht dieser Art auf europäischem Boden war die Schlacht bei Königgrätz 1866. Sie endete mit dramatischen Verlusten für die habsburgischen Truppen, die noch mit Vorderladern schossen und dem preußischen Gewehrfeuer schutzlos ausgeliefert waren. Im Deutsch-Französischen Krieg 1870/71 waren die meisten Soldaten sowohl der französischen als auch der deutschen Armee mit modernen Hinterladern ausgerüstet.

Die ersten Wochen des Krieges

Bereits die ersten Wochen des Krieges waren für die französische Armee desaströs. Die Grenzkämpfe in den ersten Augusttagen trieben die Truppen tief in das eigene Land. Das französische Oberkommando entschied, die Armee in zwei verschiedene Richtungen zurückzuziehen – und damit quasi zu spalten. Nach weiteren schweren Kämpfen sah die eine Hälfte sich genötigt, in der nordfranzösischen Festung Metz Schutz zu suchen und sich dort zu verschanzen. Metz wurde daraufhin von deutschen Truppen belagert. 50 Prozent der französischen Armee war damit eingeschlossen und auf diese Weise kaltgestellt.

Als nächstes plante der preußische Generalstabschef Helmuth von Moltke den Angriff auf den verbliebenen Teil des französischen Heeres, die so genannte Armee von Châlons. Um zu verhindern, dass sie dem eingeschlossenen Heer in Metz zu Hilfe kommen konnte, ließ Moltke seine Truppen zunächst schnell nach Westen marschieren, dann nach Norden abschwenken. So schob er sich völlig überraschend zwischen die beiden französischen Heeresteile. Die Armee von Châlons war gezwungen, sich den Weg nach Metz entweder freizukämpfen oder auszuweichen. Nach kurzem Zögern entschied sich der französische Oberbefehlshaber für ein Rückzugsmanöver, dessen Ziel schließlich die alte Festungsstadt Sedan im Norden Frankreichs wurde.

Sedan hatte zu dieser Zeit etwa 18 000 Einwohner und lebte von der Textil- und Möbelindustrie. Früher war die Stadt eine bedeutende Festung mit gewaltigen Verteidigungswerken gewesen. Doch Ende des 18. Jahrhunderts waren diese weitgehend unbrauchbar geworden; um eine ganze Armee aufzunehmen, war Sedan zudem viel zu klein.

Die Armee von Châlons stellte einen nicht zu unterschätzenden Gegner für die deutschen Truppen dar. Sie verfügte über 130 000 Mann und mehr als 400 Geschütze; doch die Zusammensetzung war alles andere als homogen. Ein neu gebildetes Korps bestand aus Elitesoldaten, die bereits große Kampferfahrung gesammelt hatten, schon in den Kolonien eingesetzt worden waren und sich auch durch eine Reihe von Niederlagen nicht beeindrucken ließen. Die Mehrzahl jedoch waren schlecht ausgebildete Rekruten, die nach den Grenzkämpfen im August schwer angeschlagen und entmutigt wirkten.

Zudem war die Versorgung des Heeres weitgehend zusammengebrochen. Weder Schuhe noch Decken noch Kochgeschirr waren auf dem regulären Dienstweg zu beschaffen. In der Folge nahmen die Soldaten ihre Versorgung selbst in die Hand, plünderten Bauernhöfe der

jeweiligen Gegend und bemächtigten sich in nächtlichen Beschaffungs-
aktionen sogar der Vorräte benachbarter Regimenter.

Schon für eine gut ausgerüstete und ausgeruhte Armee wären die
langen Märsche nach Sedan ein Problem gewesen – der ausgelaugten
Armee von Châlons gaben sie den Rest. Hinzu kam, dass es tagelang
regnete und sich die Straßen binnen kürzester Zeit in beinahe unpassierbaren Morast verwandelten. Die ständige Nässe verursachte Er-
kältungskrankheiten, schmerzhafte Entzündungen an den Füßen und
Gelenkbeschwerden. Nur 8 Kilometer pro Tag schafften die Soldaten
unter diesen Bedingungen, und alle Truppenteile waren in Gedanken
mehr mit den eigenen Problemen und dem organisatorischen Chaos als
mit dem Feind beschäftigt.

Den deutschen Soldaten ging es in vielerlei Hinsicht nicht bedeutend
besser. Auch ihnen setzte das Wetter zu, auch sie marschierten tagelang über aufgeweichte Wege. Doch im Gegensatz zu den Franzosen
lebten sie in dem Gefühl, dass Truppenführung und Heeresverwaltung
die Lage uneingeschränkt unter Kontrolle hatten. In den meisten deutschen Armeen hatten die Soldaten ihr Kochgeschirr immer am Mann
und konnten ihr Essen selber zubereiten. Viele der jungen Männer
waren mit der Zubereitung der Mahlzeiten allerdings überfordert, und
erst im Laufe des Krieges entwickelten sie darin etwas Geschick. In
der Regel wurde auf offenem Feuer ein Kessel mit Wasser erhitzt; in
diesem kochte man dann alle verfügbaren Lebensmittel einfach gleichzeitig – auch Fleisch, das eigentlich hätte gebraten werden müssen.

Gerade in den Augusttagen war an geregeltes Kochen jedoch oft
nicht zu denken. Entweder fehlte es an Holz oder das schlechte Wetter
machte das Entzünden von Feuer unmöglich. Überraschende Fort-
setzungen der langen Märsche führten zudem häufig dazu, dass das
Essen beim Aufbruch noch nicht fertig war und die Soldaten halbrohes
Fleisch und ungares Gemüse in aller Eile hinunterschlingen mussten.
Der westfälische Kriegsfreiwillige Friedrich Leo bemerkte dazu: »Wenn
man jetzt ekel wäre, müsste man verhungern« – eine Aussage, die sich
in Variationen in fast allen Soldatenberichten wiederfindet.[16] Da viele
Soldaten das Kochgeschirr überdies auch zum Waschen benutzten,
waren Durchfallerkrankungen an der Tagesordnung.[17] Die durch-
schnittliche Stärke eines preußischen Bataillons sank in der Folge von
935 Mann Anfang August auf 640 einen Monat später – und nur die
wenigsten Ausfälle waren auf Feindeinwirkung zurückzuführen.[18]

Für beide Seiten gilt, dass die einfachen Soldaten über den Kriegsverlauf im Allgemeinen nur sehr schlecht informiert waren. Selbst über

einzelne Kampfhandlungen wusste die Zivilbevölkerung in Frankreich wie Deutschland vermutlich besser Bescheid als die Soldaten im Feld. Viele baten deshalb ihre Angehörigen, ihnen Zeitungen zu schicken, um sich so über die Kriegslage zu informieren. Besonders zermürbend war die schlechte Informationslage während der langen Märsche. Kaum einer wusste, wohin es eigentlich ging und zu welchem Zweck; kaum einer wusste, wann es zu einem neuen Zusammentreffen mit dem Feind kommen würde. Die psychische Belastung, die sich aus dieser Unwissenheit ergab, ist kaum zu überschätzen. Die Soldaten versuchten, aus allen denkbaren Anzeichen ihre Rückschlüsse zu ziehen. Eine starke Konzentration von Truppen etwa deutete unweigerlich auf schwere Kämpfe hin.[19]

So war es auch am 31. August. Nach tagelangen Kämpfen hatten die deutschen Armeen die Maas erreicht. Der 1. September war vom französischen Oberbefehlshaber MacMahon als Ruhetag für seine ermüdeten Soldaten vorgesehen worden. Er hatte die Geschwindigkeit, mit der die deutschen Armeen nachsetzen würden, jedoch unterschätzt. Jetzt lagen sich die Heere zum Teil in Sichtweite gegenüber – nur getrennt durch die Maas. Ein Zusammenstoß am nächsten Morgen war unvermeidbar.

Am Vorabend dieser voraussehbaren Schlacht erreichte die psychische Spannung, die sich während der langen Märsche aufgebaut hatte, ihren Höhepunkt. Wieder einmal ist Florian Kühnhausers Bericht beispielgebend für die Empfindungen der Mehrzahl der Soldaten:

Schweigend blickte ich in die dunkle Nacht. Meine Nerven waren in vollster Aufregung; ernste Gedanken schwirrten mir durch den Kopf; die seltensten Erinnerungen tauchten in so kritischer Lage auf und erwartungsvoll grübelte ich über die Ereignisse, die da kommen würden.[20]

Bazeilles und das Massaker an der Zivilbevölkerung

Die Schlacht selbst begann in den frühen Morgenstunden des 1. September mit einem Angriff der bayerischen Einheiten auf das kleine Dorf Bazeilles, wenige Kilometer südöstlich von Sedan. Wollte man sich Sedan aus dieser Richtung nähern, so musste man dieses Dorf durchqueren. Es zu kontrollieren war strategisch also von erheblicher Wichtigkeit. Durch die Ereignisse des 1. September sollte es jedoch eine Bedeutung bekommen, die weit über den Deutsch-Französischen

In Bazeilles, einem Dorf in der Umgebung von Sedan, kam es am 1. September zu heftigen Kämpfen, in die auch Einwohner von Bazeilles eingriffen und die deutschen Soldaten aus den Fenstern beschossen.

Krieg hinauswies. Bazeilles wurde zu einem Wendepunkt der Militärgeschichte.

Einwohner, Zivilisten aus Bazeilles, bewaffneten sich und griffen in die Kämpfe ein. Die deutschen Soldaten reagierten, indem sie das Dorf Haus für Haus niederbrannten, die Zivilbevölkerung kurzerhand erschossen oder vor ein Standgericht stellten. In zweierlei Hinsicht wurde Bazeilles damit zum Mythos: Für die deutsche Armee galt es lange als Synonym für den Partisanenkrieg und prägte das Vorgehen des deutschen Generalstabs gegenüber »illegalen Kombattanten« bis in den Russlandfeldzug des Zweiten Weltkriegs; in Frankreich hingegen ist es als Ort eines Massakers an Zivilisten in Erinnerung geblieben.

Florian Kühnhauser war einer der Soldaten, deren Aufgabe es am Morgen des 1. September 1870 war, das Dorf einzunehmen. Um drei Uhr früh wurde er geweckt und vom Angriffsbefehl unterrichtet. Mithilfe einer Pontonbrücke, die noch in der gleichen Nacht von Pionieren gebaut worden war, überquerte seine Einheit die Maas und drang gegen halb fünf in den Ort ein. Die bayerischen Soldaten hofften, dass Bazeilles von den französischen Truppen bereits aufgegeben worden sei.

Still, bedächtig, vorsichtig drangen wir in den Ort ein: wir sahen ja keinen Feind. Jeder hielt sein Gewehr schussfertig. Ein Blick nach links, nach rechts und nach oben auf die Fenster gerichtet, um einem Vorwitzigen als Morgengruß ein Blei zuschicken zu können. Die Straße war still und verlassen, wie ausgestorben.[21]

Doch die Ruhe in Bazeilles trog. Bereits um Mitternacht hatten die französischen Truppen in Erfahrung gebracht, dass die Deutschen oberhalb der Brücke von Bazeilles mehrere Übergänge über die Maas errichteten und offenbar einen Angriff planten. Auch die französischen Truppen waren daraufhin noch in der Nacht geweckt worden und hatten sich in der Villa Beurman verschanzt, einem großen Haus in der Nähe der Kirche, von dem aus die Hauptstraße kontrolliert werden konnte. Zum großen Teil waren es die bereits erwähnten Elitesoldaten. Sie erwarteten die Bayern mit großer Ruhe und schossen erst, als sich die deutschen Verbände ahnungslos bis zur Hauptstraße vorgewagt hatten. Als die Spitzen des bayerischen Bataillons die Hauptstraße im Laufschritt stürmen wollten, eröffneten die Franzosen von der Villa Beurman aus das Feuer – ob aus einer Mitrailleuse oder einer so genannten »canon à balles«, einer Art Kanonengewehr, ist heute nicht mehr zu ermitteln. Das Ergebnis war für die Bayern jedenfalls verheerend:

In wenigen Minuten lag der ganze erste Halbzug der 6. Kompanie tot oder schwerverwundet auf dem Boden um ihren schneidigen Zugführer. Immer wurden neue Versuche gemacht und frisch angestürmt, aber vergebens. Um die Straßenecke herumzukommen, war ein Ding der Unmöglichkeit. Wer sich sehen ließ, wurde von der feindlichen Infanterie niedergestreckt.[22]

Als sich die bayerischen Soldaten zurückziehen und neu sammeln wollten, geschah die eigentliche Katastrophe: Die französischen Soldaten eröffneten das Feuer von hinten. Sie waren in die Häuser eingedrungen, die die Bayern längst passiert hatten. Ein französischer Soldat notierte später:

Ich zielte mit der allergrößten Ruhe völlig kaltblütig auf den Feind, der weniger als 100 Meter entfernt stand. Ich wusste, dass meine Waffe über 200 Meter mit der größten Präzision treffen würde.[23]

In Florian Kühnhausers Bericht ist dieser Moment der kritischste des gesamten Kampfes.

Eine nahezu ängstliche Verschiebung der Kompagnie trat ein; man wusste ja nicht mehr wohin, was tun, waren wir doch ganz schutz- und wehrlos im Kreuzfeuer. Wie eine scheue Herde drängten die Mannschaften in der Straße hin und her; jeder wollte und sollte, ja musste sich decken. Jeder Hausvorsprung und Toreingang wurde benützt, von wo aus man lungerte, ob sich nicht an einem Fenster etwas rühre.[24]

Von nun an bestimmte Todesangst das Vorgehen der deutschen Soldaten. Wahllos schossen die Bayern um sich; schließlich erging der Befehl, die Türen der Häuser aufzubrechen und Haus für Haus zu stürmen. Offen gibt Kühnhauser zu, dass es den bayerischen Soldaten in dieser Situation nicht mehr gelang, einen klaren Kopf zu wahren, insbesondere, als sie bemerkten, dass es nicht nur Soldaten waren, die sie aus den Häusern beschossen hatten, sondern auch Zivilisten zu den Gewehren gegriffen hatten. Der Gedanke nach Rache stand im Vordergrund dessen, was nun geschah:

Vom Keller herauf kam ein Zivilist, der durch die Hintertüre und den Hof entfliehen wollte. Beinahe wäre er unbemerkt geblieben, als er gepackt und festgehalten wurde. Nun brach ein Gezeter, ein Schwall von Worten los. Der Schurke beteuerte aufs Heiligste seine Unschuld und hatte in seiner Aufregung noch das Gewehr in der Hand, dessen Lauf noch ganz warm war. Mit dem Halunken wurde kurzer Prozess gemacht. Ein Landsmann von mir setzte das Gewehr an – ein Knall – und der Schuft lag in seinem Blute.[25]

Systematisch wurden nun die Häuser abgesucht, ob sich französische Scharfschützen oder bewaffnete Zivilisten darin befanden. In einem der Häuser trat den bayerischen Soldaten eine Frau gegenüber:

Weinend und wehklagend beteuerte sie uns hoch und heilig, soweit wir sie aus ihren Mienen und Gesten verstehen konnten, dass in diesem Haus kein französischer Soldat sei. Uns das Kind entgegenhaltend, versperrte sie uns das weitere Vordringen im Hausgang. Auch das raueste Soldatenherz erweicht beim Anblick einer flehenden, verlassenen Mutter, und wir waren schon daran, das Haus zu verlassen: Ein Gepolter im oberen Stockwerk machte uns stutzig. Mit aufgepflanztem Bajonett und schussfertig stürzten wir die Treppe hinauf, aber soeben huschte der letzte [französische Soldat] über die Bodenstiege, die Türe verschließend. Als wir hinunterkamen, war die Frau mit ihrem Kinde zum Glück schon verschwunden, denn in dieser Kampfeswut wäre Frauenmord wahrscheinlich nicht ausgeschlossen gewesen.[26]

Auch der nächste Eskalationsschritt war aus bayerischer Sicht nur eine Frage der Notwehr: »Damit wir nicht alle ein Opfer dieses grausamen Straßenkampfes wurden, wurde befohlen, in allen erbrochenen Häusern Feuer zu legen. Schnell griff nun der Brand um sich. Überall wo Zündstoff war, wurde die Brandfackel hineingetragen, selbst in

192. - BAZEILLES. - La Grande-Rue après la Bataille (1870)

Nach den Kämpfen wurden die Einwohner Bazeilles' aus ihren Häusern getrieben und das ganze Dorf Haus für Haus niedergebrannt.

die Betten der Wohnungen.«[27] In wenigen Stunden war aus dem einst blühenden Städtchen ein »brennender Trümmerhaufen« geworden. Kühnhausers Fazit:

Im Ganzen haben sich in diesem kleinen Orte nicht weniger als 2 500 Bayern verblutet, die zum großen Teil, verwundet oder tot, unter den Trümmern der einstürzenden Häuser begraben wurden oder in der Glut verbraten und verkohlt sind. Solche Schreckensstunden prägen sich tief in des Kriegers Herz ein, sie gehen in Fleisch und Blut über, sie bilden einen Merkstein und sind für solche, die nicht ganz nervenfest sind, rückwirkend auf die Gemütsstimmung durch das ganze Leben.[28]

Das Bemerkenswerte an Kühnhausers Bericht ist, dass er das brutale Vorgehen, auch die Tötungen der Zivilisten in Bazeilles nicht abstreitet, auch wenn er versucht, es zu rechtfertigen. Diese Art der Kriegführung erschien ihm und seinen Kameraden feige und hinterhältig. Er hatte einen »fairen« Kampf erwartet, bei dem der Gegner als solcher zu erkennen war. Ein Feind, der unerkannt aus der Deckung schoss, um dann sofort seinen Platz zu wechseln; ein Gegner, der sich als unschuldiger Zivilist ausgab; ein Gegner, der sich gar als »Flintenweib« entpuppte – all das passte nicht in seine Vorstellung von Kriegführung und auch nicht in die seiner Vorgesetzten.

Die Uniformen der damaligen Zeit waren auf Erkennbarkeit ausgerichtet: Die Bayern trugen ein leuchtendes Blau, und auch die Franzosen waren mit ihren roten Hosen gut zu erkennen. Tarnuniformen gab es damals nicht – sie hätten den militärischen Gepflogenheiten widersprochen. Clausewitz hatte in seinem berühmten Buch *Vom Kriege* den Krieg als »Duell« bezeichnet; davon war auch Kühnhausers Erwartung geprägt. Häuserkampf, Scharfschützen und Zivilisten, die in die Kämpfe eingriffen, hatten in diesem Konzept keinen Platz.[29] Auch wenn Kühnhauser nicht leugnete, dass es in Bazeilles zu Exzessen gekommen war und Zivilisten exekutiert worden waren, so schien ihm das Vorgehen angesichts der »feigen« Gegenwehr absolut gerechtfertigt.

Betrachtet man die Vorgänge in Bazeilles jedoch aus französischer Perspektive, dann ergibt sich ein vollkommen anderes Bild. In Frankreich entwickelte sich nach der Schlacht die Vorstellung, in Bazeilles habe ein regelrechtes Massaker an der Zivilbevölkerung stattgefunden. Die Deutschen hätten wahllos Zivilisten und kriegsgefangene Soldaten hingerichtet. Bazeilles wurde in der Folgezeit zum Synonym für den berechtigten Widerstand gegen die deutschen Besatzer. Die Zivilisten, die in die Kämpfe eingegriffen hatten, wurden zu Helden stilisiert. Über den Pfarrer, der diesen Widerstand der Legende nach initiiert hatte, entstand sogar ein Gedicht:

> Der Platz vor der Kirche musste noch genommen werden
> Unsere Soldaten kämpften mit schwerem Herzen
> Einige flüsterten schon, sich zu ergeben
> Als ein Ruf über den Vorplatz scholl:
> »Zu den Waffen, meine Kinder« – das war der alte Pfarrer
>
> Während er seinen Rock an der Hüfte faltet
> Den Bauern das Zeichen gibt, es ihm gleich zu tun
> Hebt er ein Gewehr auf, das der Tod ihm reicht
> Jeder bewaffnet sich, jeder erregt sich und wird wieder ruhig
> Sofort beginnt das Pulver wieder zu singen[30]

Seine eindringlichste Manifestation erhielt der Bazeilles-Mythos durch Émile Zola, den Schriftsteller und Dichter, der sich zwanzig Jahre später in einem Roman des Krieges von 1870/71 annahm. Unter dem Titel *Le Débâcle* (deutsch: *Der Zusammenbruch*) schildert er die Kämpfe in Bazeilles.

Auf der Erde liegend, hinter den Prellsteinen in Deckung gegangen und die geringsten Mauervorsprünge ausnutzend, schossen die Männer [die deutschen Soldaten] nach Gutdünken; und längs dieses breiten, sonnenbeschienenen und verödeten Weges raste ein Orkan von Blei und von Rauchstreifen wie ein von heftigem Wind gejagter Hagelschauer. Man sah ein junges Mädchen in kopflosem

Lauf den Fahrdamm überqueren, ohne getroffen zu werden. Dann bekam ein Greis, ein mit einem Kittel bekleideter Bauer, der sich darauf versteifte, sein Pferd in den Stall zurückzubringen, eine Kugel mitten in die Stirn, und zwar mit solcher Wucht, dass er dadurch in die Mitte der Straße geschleudert wurde.

In Kühnhausers Bericht geht die Eskalation des Kampfes von französischer Seite aus; bei Émile Zola ist es genau umgekehrt:

Die arme, neben ihrem kranken Kind zermalmte Françoise, der Bauer mit der Kugel im Schädel, die Verwüstungen und die Brände brachten die Einwohner vollends außer sich, die lieber hier hatten sterben wollen als sich nach Belgien zu retten. Bürger, Arbeiter, Männer im Paletot und in kurzer Jacke schossen wütend aus den Fenstern.[31]

Le Débâcle hat das Bild der Schlacht von Sedan in Frankreich geprägt; es ist Zolas meistverkauftes Buch zu Lebzeiten gewesen. Und es beansprucht für sich, der historischen Wahrheit zu entsprechen. Zola habe »genau recherchiert« und sich »im Wesentlichen auf Aussagen von Augenzeugen« gestützt, heißt es etwa in einer gängigen Zola-Biografie.[32] Doch was ist wahr an seiner Darstellung?

Viele französische Soldaten, die an den Kämpfen teilnahmen, erwähnen überhaupt keine Zivilisten. Ihre Darstellungen sind, ebenso wie der Bericht Florian Kühnhausers auf deutscher Seite, deutlich ausgewogener als die Presseberichte und die späteren Legenden.[33] Der französische Leutnant Édouard Sériot etwa, im Jahre 1904 vom französischen Marineministerium nach den Vorgängen in Bazeilles befragt, schreibt, er habe den ganzen Vormittag überhaupt nur einen einzigen Zivilisten gesehen; sein Bericht enthält keinen Hinweis auf ein Blutbad an der Zivilbevölkerung. Allerdings berichtet er davon, wie französische Soldaten von den Bayern niedergemetzelt wurden, nachdem sie sich bereits ergeben hatten:

Die Nachbarhäuser brannten, wir hatten keine Patronen mehr, und es war klar, dass wir verbrennen würden. Leutnant Watrin machte das Zeichen, das er sich ergeben würde; die Deutschen eilten herbei und verlangten, dass wir unsere Waffen herausgeben sollten. Wir gehorchten, kamen alle heraus und gaben unsere Waffen ab. Aber kaum waren wir auf der Straße, fielen die Deutschen »mir nichts, dir nichts« mit Gewehr- und Bajonetthieben über uns her und wir versuchten, wie ein Schwarm junger Hühner wegzuflattern.[34]

Sériot war einer der wenigen, die entkommen konnten. In seiner Darstellung räumt er relativierend ein, dass eine verbale Provokation eines deutsch sprechenden Soldaten aus Lothringen das Blutbad ausgelöst hat, um abschließend zu resümieren: »Dieses Blutbad unter besiegten und entwaffneten Feinden wird den deutschen Sieg auf ewig besudeln.«[35]

Nun ist es nicht Aufgabe des Historikers, das Verhalten der bayerischen Soldaten moralisch zu werten, sondern ein Ereignis wie den Häuserkampf in Bazeilles in seiner Bedeutung zu erfassen. Auch wenn der Umfang nicht genau zu bestimmen ist, kann als sicher gelten, dass in Bazeilles Zivilisten in die Kämpfe eingegriffen haben, was als irregulär gewertet werden musste. Ebenso sicher ist jedoch auch, dass die bayerischen Soldaten sowohl Zivilisten als auch französische Soldaten erschossen haben, nachdem diese sich bereits ergeben hatten. Zudem haben sie das gesamte Dorf in einer Art »Strafaktion« niedergebrannt. Auch nach den Maßstäben des 19. Jahrhunderts war dies ein Kriegsverbrechen. Eine Untersuchungskommission der französischen Behörden kam nach dem Krieg auf 39 getötete Zivilisten – dies ist bis heute die einzige Angabe, die zumindest ein gewisses Maß an Zuverlässigkeit beanspruchen kann.[36]

Das Haus zur letzten Patrone

Doch Bazeilles ist noch in einem anderen Sinne in Frankreich zum Mythos geworden, genauer gesagt: für die französische Armee. Als der Kampf um Bazeilles eigentlich bereits entschieden war, verschanzten sich rund 40 französische Marinesoldaten unter dem Befehl des Kommandanten Lambert in einer kleinen Herberge direkt an der Straße nach Sedan. Sie wollten es den französischen Truppen ermöglichen, sich nach Sedan zurückzuziehen. Doch bald fehlte es an Munition. Die Männer durchsuchten die Toten und Verwundeten und fanden noch knapp 30 Patronen. Erst als die letzte dieser Patronen abgefeuert war, ergaben sich die Franzosen den bayerischen Verbänden, die bis dahin vergeblich angestürmt waren. Die Legende behauptet, dass die bayerischen Soldaten kurz davor waren, mit den französischen Marinesoldaten kurzen Prozess zu machen. Der Kommandant der bayerischen Einheit, Hauptmann Lissignolo, habe sie aber davon abgehalten.

Bereits zwei Jahre nach der Schlacht wurde die Episode der »letzten Patrone« durch den Maler Alphonse de Neuville in einem der berühm-

Eine Eliteeinheit der französischen Armee verschanzte sich in einem Haus an der Straße nach Sedan, um den Rückzug der französischen Armee zu decken. Das Haus wurde bis zur »letzten Patrone« verteidigt.

testen französischen Gemälde über die Schlacht bei Sedan verewigt. Das Bild zeigt den Abschuss der letzten Patrone durch Hauptmann Aubert, während einige seiner Soldaten noch in den Taschen verwundeter Soldaten nach weiterer Munition suchen.

Heute hängt das Bild im »Haus zur letzten Patrone«, das vom französischen Marineministerium als Museum eingerichtet wurde. Einige der Räume befinden sich im Originalzustand, darunter auch der Raum, der auf dem Gemälde Neuvilles dargestellt ist. Alle Möbel, die Einschusslöcher und auch eine Uhr, die exakt um 11.35 Uhr stehen geblieben war, als eine Kugel sie traf und ihren Mechanismus anhielt, sind erhalten. Obwohl die Schlacht von Sedan für die Franzosen mit einer Niederlage endete, ist das Haus zu einem symbolischen Ort geworden, an dem sich Marinesoldaten bis heute in regelmäßigen Abständen versammeln, um sich der eigenen Tradition und der Werte des Verbandes zu versichern.

Mit der Kapitulation des letzten französischen Verbandes im »Haus zur letzten Patrone« war der Kampf um Bazeilles beendet. Leutnant Sériot schreibt in seinem Bericht, die französischen Verbände hätten den ganzen Tag nur einen einzigen Befehl erhalten; frühmorgens um vier Uhr erging Order, Bazeilles um jeden Preis zu halten. Danach seien keine weitere Anweisung mehr durchgekommen – und auch keine sonstigen Informationen. Was auf dem restlichen Schlachtfeld geschehen war, davon hatten weder die französischen noch die bayerischen Verbände Kenntnis.

Sedan und der Einsatz der Artillerie

Während der Kampf in Bazeilles noch tobte, war es den deutschen Truppen gelungen, die Höhenzüge im Norden und Westen Sedans zu besetzen. Mit der Einnahme Bazeilles' im Südosten war der Ring um Sedan geschlossen. Was nun begann, ist als das erste Trommelfeuer in die Geschichte der europäischen Kriegführung eingegangen. In den früheren Schlachten des Deutsch-Französischen Krieges waren die Geschütze noch, wie es der bisherigen Militärdoktrin entsprach, als Hilfswaffe eingesetzt worden, deren Aufgabe es war, die feindlichen Batterien zu zerstören. Erst danach begann die eigentlich schlachtentscheidende Phase im Kampf Infanterie gegen Infanterie.

Da sich die französischen Infanteriewaffen, insbesondere die Mitrailleuse und das Chassepotgewehr, gegenüber der Bewaffnung der deutschen Infanteristen als überlegen erwiesen hatten, waren die deutschen Verluste jedoch sehr hoch gewesen. Die jetzt in Sedan angewandte Taktik war deshalb eine andere, geradezu revolutionäre Vorgehensweise. Die Artillerie übernahm die Hauptaufgabe bei dem Versuch, die französische Armee in einem Dreieck von etwa 3 Kilometern Seitenlänge zusammenzudrängen – beschossen von mehr als 400 deutschen Geschützen.

Bei diesen handelte es sich mehrheitlich um Gussstahlkanonen, entwickelt und hergestellt von der Firma Krupp in Essen. Den französischen Geschützen waren sie an Zielgenauigkeit und Reichweite deutlich überlegen; als Hinterlader ließen sie sich auch bedeutend einfacher bedienen.

In vielen Darstellungen des Deutsch-Französischen Krieges wird der Eindruck erweckt, dass dies in der Schlacht von Sedan den Ausschlag gab. Viel entscheidender als die technische Überlegenheit war jedoch, dass es gelang, die Geschütze unter einer zentralen Befehlsgewalt zu massieren. Eine Schlüsselrolle nahm dabei Kraft Karl Prinz zu Hohenlohe-Ingelfingen ein, der Kommandeur der preußischen Gardeartillerie. Hohenlohe wies jeder einzelnen Batterie einen bestimmten Teil des

Schlachtfeldes zu und bedeutete seinen Kanonieren, nicht die feindliche Artillerie, die ohnehin viel zu schwach war, sondern vielmehr die französische Infanterie unter Beschuss zu nehmen.[37]

Die logische Folge dieser Art der Kriegführung waren Unterstände und Schützengräben, wie sie dann im Ersten Weltkrieg Wirklichkeit werden sollten. Auf dem Schlachtfeld von Sedan jedoch waren provisorische Feldbefestigungen, die Schutz vor Artilleriefeuer bieten konnten, noch vollkommen unbekannt. Auch in dieser Hinsicht deutete sich 1870/71 ein Paradigmenwechsel der Kriegführung an.

Die von den Deutschen verwendeten Geschosse verfügten über Aufschlagzünder. Die Granaten explodierten in den Bäumen und peinigten die französischen Soldaten derart, dass es zeitweilig schien, als würden sie von den Geschossen durch den Wald getrieben. Wenn französische Trupps Ausbruchsversuche unternahmen, beschossen Hohenlohes Artilleristen diesen Sektor verstärkt, um gleich darauf das planmäßige Feuer wieder aufzunehmen. Der französische Soldat Filipi beschrieb die Situation auf dem Schlachtfeld wie folgt:

Kavallerie, Artillerie, Infanterie, alles war bunt gemischt. Weil der Platz fehlte, versuchten Männer, Pferde, Kanonen, Wagen sich nach rechts und links durch die Hecken zu schlagen. Es war ein schreckliches Gemenge. Granaten kamen von allen Seiten.[38]

Der wichtigste Effekt dieses Bombardements war die völlige Auflösung der Disziplin. Über Jahrhunderte war es der Sinn des militärischen Drills gewesen, die Kontrolle im Armeeverband auch in extremen Stresssituationen zu erhalten. Soldaten sollten auch unter Feindbeschuss in der Lage sein, die Befehle ihrer Vorgesetzten wahrzunehmen und umzusetzen. Der Drill sollte sie davor schützen, sich von der Verwundung oder dem Tod eines Kameraden ablenken zu lassen und in Panik zu geraten. Sie sollten auch unter feindlichem Beschuss in der Lage sein, das Gewehr zu laden, scheinbar kaltblütig auf den Gegner zu zielen und abzudrücken. Kurz gesagt: Disziplin und Drill sollten die Soldaten davon abhalten, zu Individuen zu werden, die ihr Handeln nicht mehr unter Kontrolle hatten.

Doch genau dieser Kontrollverlust trat in Sedan ein. Als geschlossener, disziplinierter Verband war die französische Armee praktisch nicht mehr existent. Befehle zu erteilen war völlig sinnlos geworden – abgesehen davon, dass es niemanden mehr gab, der sinnvolle Befehle hätte ausgeben können. Die einzelnen Soldaten schossen nach Gutdünken irgendwo hin; oder sie hörten einfach auf zu schießen. Sie wendeten sich nach eigenem Ermessen mal in diese, mal in jene Richtung, um sich schließlich für die heillose Flucht zu entscheiden.

Was in dieser Zeit auf der französischen Kommandoebene geschah, ist nicht nur den Soldaten auf dem Schlachtfeld verborgen geblieben, sondern auch aus dem Rückblick schwer zu rekonstruieren. Das kennzeichnendste Merkmal ist offenbar Chaos. Der französische Oberbefehlshaber MacMahon war bereits um sechs Uhr früh von einem Granatsplitter am Bein getroffen worden und musste seine Befehlsgewalt abtreten. Er hinterließ ein Machtvakuum, welches zunächst Ducrot, der härteste der MacMahon unterstellten Korpskommandeure, versuchte auszufüllen.

Ducrot hatte am Abend des 31. August die Stellung in Sedan äußerst pessimistisch eingeschätzt: Sedan sei »ein Nachttopf«, und es wäre ein Leichtes, der französischen Armee hier »auf den Kopf zu scheißen«. Folgerichtig befahl er, sobald er die Befehlsgewalt übernommen hatte, den allgemeinen Rückzug. Dieser Befehl wurde jedoch sofort von seinen Generälen infrage gestellt. General Lebrun, dessen Korps sich zu diesem Zeitpunkt in Bazeilles noch erfolgreich verteidigte, wollte den Kampf lieber vor Ort ausfechten und nicht durch einen Rückzug eine Niederlage eingestehen.

In dieser ohnehin schon chaotischen Situation riss General Emanuel Félix de Wimpffen die Befehlsgewalt an sich. Für den Fall, dass MacMahon etwas zustoßen sollte, hatte er eine geheime Vollmacht, die Führung der Armee zu übernehmen. Ursprünglich war dies als reine Vorsichtsmaßnahme gedacht gewesen, um Napoleon III., der sich ja ebenfalls in Sedan befand, von jeglicher Einflussnahme auf das Schlachtgeschehen abzuhalten. Jetzt veranlasste Wimpffen der Rückzugsbefehl dazu, von seiner Vollmacht Gebrauch zu machen. »Wir brauchen einen Sieg«, mit diesen Worten brachte er das Kommando an sich. Die bereits im Rückzug befindlichen Truppen mussten kehrtmachen.

Über die Fehleinschätzung der Lage auf dem Schlachtfeld verbittert, begann nun Ducrot, eigenmächtig zu handeln. Das einzige, was seiner Meinung nach die mittlerweile von allen Seiten eingeschlossene Armee retten könnte, war ein Ausbruch nach Westen. Ohne eigentliche Befugnis suchte er den Kommandeur einer Kavalleriedivision auf und befahl, eine Bresche in den deutschen Belagerungsring zu schlagen, die deutschen Geschütze außer Gefecht zu setzen und damit einen Korridor für die Infanterie zu öffnen.

Der folgende Angriff zählt zu den legendenumwobenen der Sed-

Mit einem Reiterangriff versuchten die Franzosen die Niederlage in der Schlacht von Sedan noch abzuwenden.

anschlacht. Auf Gemälden ist die Reiterattacke immer wieder dargestellt worden. Sie war konzipiert als taktischer Schockangriff, der den Gegner einschüchtern und in die Flucht schlagen sollte. Für die im Westen Sedans stehenden westfälischen, thüringischen und preußischen Verbände kam der Angriff jedoch so überraschend, dass ihnen keine Zeit zur Flucht blieb. Stattdessen wehrten sie sich standhaft. Dreimal befahl Ducrot den Angriff, dreimal wurde er zusammengeschossen.[39] Mit den Worten »Ah, die braven Männer« soll König Wilhelm von Preußen, der die Schlacht vom deutschen Feldherrnhügel in Frénois beobachtete, die wiederholten Angriffe der Franzosen großmütig kommentiert haben.

Mit dem Reiterangriff war der letzte Versuch, das Blatt noch einmal zu wenden, gescheitert. In sämtlichen Abschnitten begannen nun die französischen Soldaten sich abzusetzen, zunächst allein oder paarweise, dann in größeren Gruppen, wobei sie vorgaben, Munition holen zu müssen oder verwundeten Kameraden helfen zu wollen. An eine geregelte Flucht war nicht zu denken, denn die deutsche Kanonade ging unvermindert weiter. Jede Straße, jeder Weg, den die Flüchtenden einschlugen, wurde unter Beschuss genommen. Das Umland von Sedan verwandelte sich in eine Kraterlandschaft. Erst Regimenter, dann

Bataillone und schließlich selbst Kompanien lösten sich in formlose Horden auf, die nur noch ein Ziel hatten: das Überleben. Wieder ist es der französische Soldat Filipi der die Situation am eindringlichsten schildert:

> Tausendmal geriet ich in die größte Gefahr, zwischen den Flüchtenden und besonders durch Wagen zerquetscht zu werden. Die Deichseln drohten mich jeden Moment zu erschlagen. Am Ende verließen wir das Gehölz, aber die Lichtung, über die wir uns ergossen, wurde von allen Seiten beschossen. Wir flüchteten in alle Richtungen. Ich folgte dem Strom, der instinktiv zurück nach Sedan drängte.[40]

Als Zufluchtsort war einzig und allein Sedan übrig geblieben. Die meisten Soldaten kamen aus dem Norden – doch gerade aus dieser Richtung war die alte Stadtbefestigung undurchdringlich. Nur im Nordwesten gab es ein Tor mit einer winzigen Brücke, das »Port de la Cassine«. Auf dieser Brücke spielten sich dramatische Szenen ab: Soldaten wurden zerquetscht oder totgetrampelt; Fuhrwerke wurden von der Brücke gedrängt und stürzten in den Stadtgraben.

Gegen 16 Uhr hissten die Franzosen in Sedan die weiße Fahne. Mit einiger Verzögerung stellte der deutsche Generalstab das Bombardement ein. Das Schlachtfeld gehörte jetzt den Deutschen. Ihre Infanterie hatte besetzt, was die Artillerie zuvor erobert hatte. Auf dem deutschen Feldherrnhügel bei Frénois erschien wenig später der kaiserliche Generaladjutant Reille und übergab ein Schreiben Napoleons III., von dessen Anwesenheit in Sedan das deutsche Oberkommando bis zu diesem Zeitpunkt keinerlei Kenntnis hatte: »Da es mir nicht vergönnt war, inmitten meiner Truppen zu sterben, bleibt mir nichts anderes übrig, als meinen Degen in die Hände Eurer Majestät zu legen.«

Kapitulationsverhandlungen

Im Schloss Bellevue im kleinen Örtchen Donchery begannen am späten Abend die Kapitulationsverhandlungen. Von deutscher Seite war Generalstabschef Moltke benannt worden, auf französischer Seite führte General Wimpffen die Gespräche.

Die Atmosphäre war eisig. Schweigend saßen sich die Delegationen gegenüber. Nach einer Weile durchbrach Wimpffen die Stille und sagte,

Am Nachmittag des 1. September 1870 war die Schlacht vorbei. Auf dem deutschen Feldherrnhügel erschien ein Bote und überbrachte das Kapitulationsschreiben Napoleons.

er sei gekommen, um die Bedingungen der Kapitulation zu erfahren. Diese seien sehr einfach, antwortete Moltke: Die gesamte französische Armee sei kriegsgefangen, Waffen und Ausrüstung müssten abgegeben werden; lediglich die französischen Offiziere dürften in Anerkennung ihres Mutes und ihrer Tapferkeit ihre Waffen behalten, aber auch sie müssten sich in Kriegsgefangenschaft begeben.

Wimpffen empfand die Bedingungen als zu hart. Am Morgen erst hatte er den Oberbefehl übernommen; eine Kapitulationsurkunde mit derartigen Bedingungen zu unterzeichnen war ihm beinahe unvorstellbar. Doch Moltke ließ sich nicht erweichen. Er räumte Wimpffen eine Frist bis zum nächsten Morgen vier Uhr ein. Sollte die Kapitulation bis dahin nicht unterzeichnet sein, würde die deutsche Artillerie das Feuer wieder aufnehmen und die in Sedan eingeschlossene Armee erneut unter Beschuss nehmen. Der französische Wortführer bat um mehr Zeit, um sich mit seinen Generälen beraten zu können. Erst nach Intervention Bismarcks erklärte Moltke sich bereit, die Frist auf neun Uhr zu verlängern. Angesichts des Zustandes seiner Armee blieb Wimpffen keine andere Wahl. Die Kapitulationsurkunde wurde schließlich am nächsten Morgen um elf Uhr unterzeichnet.

Die beiden ebenfalls in Sedan anwesenden Herrscher spielten bei diesen Verhandlungen keine Rolle. Am Morgen des 2. September erschien zwar Napoleon III. im deutschen Hauptquartier, um mit Wilhelm von Preußen zu sprechen. Doch Bismarck wusste eine Begegnung der beiden Herrscher so lange hinauszuzögern, bis die Verhandlungen abgeschlossen waren. Er fürchtete, dass Wilhelm den Bitten Napoleons um mildere Bedingungen nachgeben würde.

Nach der Schlacht

Während des Kampfes war es den meisten Soldaten unmöglich gewesen, einen Überblick über den Ablauf der Schlacht zu gewinnen. Die meisten waren seit vier Uhr früh auf den Beinen, hatten über zwölf Stunden unter Waffen gestanden und legten sich nun, ohne sich auszuziehen, vollkommen erschöpft auf der Erde nieder. Kühnhauser glaubte zunächst, es würde auf dem Schlachtfeld noch immer gekämpft werden: »Es waren die geladenen Gewehre der Toten und Verwundeten, die sich in der glimmenden Glut von selbst entluden. Müdigkeit, Hunger und Durst drückten bald die Augen zu.«[41]

Das Ausmaß der Kämpfe offenbarte sich den deutschen Soldaten erst, als sie am Tag danach das Schlachtfeld besichtigten. Für die Deutschen war es ein Rasttag. Die meisten hatten seit über 36 Stunden nichts mehr gegessen. In den meisten Kompanien waren am Abend nicht einmal mehr Lebensmittel ausgegeben worden, und so wurde nun überall auf offenem Feuer gekocht, was an Essbarem gefunden wurde.

Einigen Soldaten verging angesichts des Schlachtfeldes allerdings der Appetit. Sie suchten stattdessen nach Gefallenen aus den eigenen Verbänden. Doch dort lagen nicht nur Tote, sondern auch zahlreiche Verletzte, viele von ihnen bewusstlos. Sie waren am Vortag nicht mehr geborgen worden und hatten die Nacht hilflos zwischen den Gefallenen verbracht. Selbst für die Soldaten, die bereits den gesamten Feldzug miterlebt hatten, war der Anblick erschütternd.

Besonders schrecklich waren die Verwundungen, die durch den Artilleriebeschuss hervorgerufen worden waren. Die Splitter der explodierenden Granaten hatten ganze Körperregionen großflächig aufgerissen, Gliedmaßen abgetrennt und Gesichter bis zur Unkenntlichkeit entstellt. Andere Opfer waren unter großen Schmerzen qualvoll langsam gestorben, hatten sich in ihrem Todeskampf mit den Händen in den Boden eingekrallt und lagen nun in vollkommen unnatürlichen Stellungen.[42] Bei Florian Kühnhauser füllen die Beschreibungen des Schlachtfeldes zahllose Seiten: »Blut und Leichen, Brand und Zerstörung, und so stundenweise um Sedan«, heißt es an einer Stelle. »Das Ganze war ein Knäuel von Menschen und Pferdeleichen; besudelt mit

Blut und Gehirn, mit Fetzen zerschundener Menschenteile«, heißt es an anderer.[43] Noch detaillierter schildert ein anderer bayerischer Soldat, Leutnant Dietrich von Laßberg, das Schlachtfeld:

Da lagen sie, die einen mit zerrissener Brust oder geöffnetem Leib, so dass die Eingeweide bloß lagen und heraushingen, oder mit eingeschlagenem Schädel, einem fehlenden Arm oder Bein; andere mit einem kleinen Loch in der Brust oder im Kopf, die Arme oft krampfhaft in die Höhe gereckt oder über dem Kopf zusammengeschlagen. Hier sah man den zerschmetterten schwarzen Kopf eines Turkos und hinter ihm lag ein Bayer, dem eine ganze Granate die Brust durchrissen hatte; hier lag ein unförmlicher Fleischklumpen, den man als einen vollständig zerfetzten französischen Liniensoldaten erkennen konnte; wieder wo anders sah man menschliche Körper, die man für Mumien halten könnte: Es waren Leichen, die man aus dem Brandschutt von Bazeilles hervorgezogen hatte. Das sind die Schattenseiten des Krieges. Wir sagen es ja selbst: »Der schönste Tod ist der Tod auf dem Schlachtfelde« – aber wahrlich, nicht die schönsten Toten sind die Toten auf den Schlachtfeldern.[44]

Florian Kühnhauser war von dem Anblick so erschüttert, dass er sich mitten auf dem Schlachtfeld niedersetzte und eine Feldpostkarte an seine Angehörigen schrieb:

Schrecklich war der Kampf. Ich und Mayer Stephan haben nur der Vorsehung unsere geraden Glieder zu verdanken, Bayerl ist im Spital, Schlafner nicht marschfähig, die beiden Gebhart gut durchgekommen, Gierlinger Streifschuss am Fuß, Blenken Peter Wunde am Hals, Schmidsohn von Fromholzen schwer verwundet. Schlachtfeld schrecklich. Nächstens mehr.[45]

Angesichts der großen Anzahl von Verwundeten wurde in den Lazaretten im Akkord gearbeitet. Allein in Bazeilles wurden vier Verbandsplätze eingerichtet, die nach kurzer Zeit zehnfach überbelegt waren. Das oftmals einzige Mittel der Chirurgen war die Amputation – wie schon bei der Völkerschlacht fast 60 Jahre zuvor. Vereinzelt stand Morphium als Narkosemittel zur Verfügung, die meisten Operationen mussten jedoch ohne jede Form der Betäubung durchgeführt werden. Im Gegensatz zu früheren Kriegen hatte sich die Zeit bis zum Transport in die Lazarette allerdings erheblich verringert. Nur noch 10 Prozent der Verwundeten starben, nachdem sie in den Genuss medizinischer Hilfe gekommen waren. In den Kriegen zuvor überstieg die Zahl der Verluste in den Lazaretten in der Regel die der Gefallenen auf dem Schlachtfeld.

Auf französischer Seite, in Sedan, war das Bild ähnlich. Auch hier waren die Zustände in den Lazaretten katastrophal. Auch hier lagen überall Tote und Verwundete, die nicht versorgt werden konnten. Ein französischer Soldat beschreibt die Nachwirkungen des Bombardements:

Ich stieg in einen Graben hinein und bemächtigte mich einer Pferdedecke. Der Reiter war seit 24 Stunden tot und lag ausgestreckt auf der Erde, das Gesicht von Fliegen und Insekten bedeckt. Ich ging am Friedhof von Sedan entlang, der durch die Granaten aufgerissen war. Kadaver von Männern und Pferden säumten die Mauern. Ich wendete mich von diesem schrecklichen Spektakel ab und beeilte mich, zurück in die Stadt zu gelangen.[46]

Doch nicht nur der Anblick dieses Elends, auch das Bombardement des Vortages hatte bei den französischen Soldaten Spuren hinterlassen.

Das Rote Kreuz

In der nach dem Wiener Kongress 1815 einsetzenden Friedensperiode widmete man der so genannten Heeressanität, also der Bergung und Versorgung von Verwundeten des Krieges, nur wenig Beachtung. Diese

Vernachlässigung führte im Krimkrieg zwischen 1853 und 1856 und im sardisch-französischen Krieg gegen Österreich 1859 zu dramatischen Zuständen auf den Schlachtfeldern. Die Sterblichkeit in den Lazaretten betrug über 40 Prozent.

Zum unmittelbaren Anlass, an dieser Situation etwas zu ändern, wurde schließlich die Schlacht bei Solferino am 24. Juni 1859, in deren Verlauf an einem einzigen Tag etwa 40 000 Soldaten getötet oder verwundet wurden. Eher zufällig war bei dieser Schlacht der Schweizer Geschäftsmann

Wenige Jahre vor dem Deutsch-Französischen Krieg 1870/71 war das Rote Kreuz gegründet worden. Der Krieg 1870/71 war die erste große Bewährungsprobe der neuen Organisation.

Viele von ihnen zerbrachen aus Wut ihre Waffen, andere plünderten die Vorratslager, rollten Branntweinfässer aus den Kellern auf die Straße, betranken sich und beschimpften ihre Offiziere. In dieser Situation wäre sogar ein Blutbad unter französischen Soldaten nicht ausgeschlossen gewesen. Ein Soldat berichtet, er sei so »gereizt« gewesen, dass er bereits seinen Revolver geladen hatte und keine Sekunde gezögert hätte, »dem ersten, der mich persönlich beschimpft hätte, das Gehirn wegzupusten«.[47]

Es gehört zu den Legenden um die Sedanschlacht, dass diese Situation eine Reaktion auf die entehrenden Kapitulationsbedingungen war.

Henry Dunant anwesend. Erschüttert angesichts der schlechten Versorgung der Verwundeten schrieb er nach seiner Rückkehr nach Genf ein Buch mit dem Titel *Eine Erinnerung an Solferino,* das er 1862 auf eigene Kosten veröffentlichte und an führende Persönlichkeiten aus Politik und Militär in ganz Europa sendete. Neben einer sehr eindringlichen Schilderung dessen, was er in Solferino erlebt hatte, regte er darin die Bildung von freiwilligen Hilfsorganisationen an, die sich bereits in Friedenszeiten auf die medizinische Versorgung Kriegsverwundeter vorbereiten sollten.

Nach diesen Anregungen vollzog sich die Gründung des Roten Kreuzes mit erstaunlicher Schnelligkeit. Wichtigster Schritt auf dem Wege dahin war die Unterzeichnung der Genfer Konvention »betreffend die Linderung des Loses der im Felddienst

Ziel des Roten Kreuzes war die Bergung der Verwundeten vom Schlachtfeld ohne Rücksicht auf deren Nationalität. Die mit dem Roten Kreuz gekennzeichneten Sanitäter standen dafür unter dem Schutz internationaler Verträge.

Dem widersprechen die meisten Darstellungen einfacher Soldaten. Einer von ihnen berichtet:

Die Neuigkeit [von der Kapitulation] wurde von einigen mit Verzweiflung aufgenommen. Viele jedoch waren müde von den Kämpfen und ihren Begleiterscheinungen und einfach nur froh, nach Hause zurückzukehren, ohne sich um die Frage zu kümmern, ob die Bedingungen des Friedens entehrend waren oder nicht. Sie waren froh, der Gefahr entkommen zu sein.[48]

Nach Hause freilich ging es zunächst nicht. Den Soldaten stand eine neunmonatige Kriegsgefangenschaft bevor. Etwa 21 000 waren bereits am 1. September von den deutschen Truppen festgesetzt worden; mit der Übergabe Sedans im Verlauf des 2. September kamen weitere 83 000 hinzu. In kleinen Gruppen und unter Zurücklassung ihrer Waffen verließen sie Stadt und Festung. Durch ein Spalier deutscher Soldaten traten die Franzosen den Weg in die Gefangenschaft an.

Sie wurden zunächst auf eine Art Halbinsel gebracht, die sich durch eine Schleife der Maas gebildet hatte. Vereinzelt kam es dabei zu Kontakten zwischen deutschen und französischen Soldaten. Florian Kühnhauser schreibt, es habe sich sogar ein kleiner Tauschhandel mit Tabak und Esswaren entwickelt: »Ein Brett, auf welches je Geld oder Ware gelegt wurde, vermittelte hin und her schwimmend das Geschäft, leider war unser Vorrat bald erschöpft, denn die Franzosen zahlten brillant.«[49]

verwundeten Militärpersonen«. Mit ihr wurden verwundete Soldaten und Lazarette unter Schutz gestellt. Als Folge der Genfer Konvention bildeten sich in vielen Staaten Europas Hilfskomitees für die Verwundetenpflege. Der Name »Internationales Komitee vom Roten Kreuz«, der noch heute gültig ist, wurde jedoch erst 1876 eingeführt.

Dank dieser Entwicklung konnte im Deutsch-Französischen Krieg 1870/71 die Versorgung der Verwundeten zumindest auf deutscher Seite bereits erheblich verbessert werden. Preußen und viele andere deutsche Staaten verfügten über gut mit Personal und Material ausgestattete Rot-Kreuz-Gesellschaften, die eng in die Armeestruktur eingebunden waren. An die deutschen Soldaten waren zudem 80 000 Flugblätter verteilt worden, die auf Deutsch und Französisch über die Genfer Konvention informierten.

Die Zahl der deutschen Soldaten, die an Krankheit oder Verwundung starben, lag in diesem Krieg erstmals deutlich unter der Zahl

Fünf Gefangenentransporte zu je etwa 2 000 Mann verließen jeden Tag Sedan. In notdürftig errichteten Barackenlagern in den verschiedensten Teilen Deutschlands mussten die französischen Soldaten bis zum Ende des Deutsch-Französischen Krieges ausharren. Die meisten wurden erst im März 1871 freigelassen.

Zur selben Zeit wie die französischen Soldaten erfuhren auch die Deutschen vom Ausgang der Schlacht. Die Nachricht von Napoleons Gefangennahme und der Kapitulation seiner Armee löste sofortigen Jubel aus. Zur überstandenen Schlacht kam nun auch noch der Sieg. Wie zu Beginn des Krieges wurde wieder die »Wacht am Rhein« gesungen; aus Spott zuweilen auch die Marseillaise. Doch nicht alle Soldaten waren in der Lage, den Sieg so kurz nach der Schlacht vorbehaltlos zu genießen. »Welcher Kontrast«, schrieb Florian Kühnhauser: »Hier Tod, Verwüstung und Elend, und mitten in diesem Leichenfelde ein Jubel, ein Freudengeschrei, wie begeisterter die Vaterlandsliebe in der Soldatenbrust niemals zum Ausdruck kam.«[50]

Während die meisten deutschen Soldaten feiernd durch Sedan zogen, sich in den dortigen Wirtshäusern umsahen oder Lebensmittel aus zurückgelassenen französischen Armeebeständen plünderten, waren andere mit dem Säubern des Schlachtfeldes beauftragt. An Ort und Stelle wurden Massengräber ausgehoben, um die Gefallenen zu bestatten – eine Tätigkeit, die der Siegeseuphorie einen deutlichen Dämpfer versetzte. Etwa 8 000 Gefallene hatten die Deutschen zu

der auf dem Schlachtfeld gefallenen. Die Sterblichkeit in den Lazaretten ging auf etwa 10 Prozent zurück.

Frankreich hingegen verfügte nur über wenige und unzureichend vorbereitete Rot-Kreuz-Gesellschaften, die zudem in Konkurrenz zu den Sanitätsdiensten der französischen Armee standen. Die Zahl der Soldaten, die durch Krankheit und Verwundung starben, war dreimal so hoch wie die der Verluste auf dem Schlachtfeld – vor allem weil die französischen Ambulanzen völlig unzureichend ausgestattet waren und es nicht gelang, die verwundeten Soldaten rechtzeitig aus der Kampfzone zu bergen. Der Leiter einer Divisionsambulanz, medizinisch verantwortlich für etwa 10000 Soldaten, stellte resigniert fest: »Die Ambulanz besteht aus drei Ärzten, einem Apotheker, zwei Rechnungsführern und siebzehn Sanitätern. Kein Material! Keine Transportmittel! Keine Geräte!«

verzeichnen; auf französischer Seite waren es mehr als doppelt so viele.

Ein offenes Problem war zudem, wie mit den 10 000 Pferden verfahren werden sollte, die die französische Kavallerie zurückgelassen hatte. Nur die wenigsten wurden in die deutsche Armee übernommen; für die meisten gab es keine Verwendung. Die deutschen Soldaten wurden kurzerhand zum Erschießen abkommandiert, einer Art »Henkersarbeit«, wie Kühnhauser dies nannte:

> Die Pferde wurden anfangs an die Maas geführt, ein Mann gab einen Schuss hinter das Ohr, zwei Mann gaben dem zusammenbrechenden Pferde einen Schub, sodass es ins Wasser stürzte. Doch lagen schon so viele Pferdekadaver in der Maas, dass das Wasser sie nicht mehr wegspülte.[51]

Als Bauern und Händler aus der Umgebung erfuhren, dass die Tiere zu Tausenden erschossen wurden, versuchten viele, ein Pferd zu einem günstigen Preis zu erwerben, um es bei der bevorstehenden Ernte als Arbeitstier einzusetzen. Einige Soldaten machten so unter der Hand noch Geschäfte, obwohl die Heeresleitung diesen Handel untersagt hatte – vermutlich aus Angst, die Tiere würden von Freischärlern, den *franc-tireurs*, dazu eingesetzt, die deutschen Versorgungswege zu attackieren.

Mit dem Beräumen des Schlachtfeldes und dem Abtransport der letzten französischen Gefangenen war die Tätigkeit der meisten deutschen Soldaten in Sedan abgeschlossen. Fünf Tage waren sie im Durchschnitt in Sedan geblieben. Jetzt ging es weiter nach Paris, denn entgegen der ursprünglichen Annahme der meisten Soldaten war der Krieg mit dem Sieg auf dem Schlachtfeld von Sedan nicht beendet.

Der weitere Kriegsverlauf

Als die Nachricht von der Gefangennahme des französischen Kaisers in Paris eintraf, kam es in der französischen Hauptstadt zu einem Aufstand. Die gesetzgebende Versammlung wurde aufgelöst und Frankreich zur Republik erklärt. Die neu gebildete Regierung in Paris signalisierte sofort Verhandlungsbereitschaft und distanzierte sich von dem »napoleonischen Krieg«.

Jetzt wäre es an Preußen gewesen, den Konflikt als beigelegt zu betrachten und sich zurückzuziehen; Bismarck und König Wilhelm hätten die Euphorie des Sieges nutzen können, um die Einigung nach innen zu vollziehen. Doch stattdessen konfrontierte Preußen Frankreich mit einer Forderung, die für jede französische Regierung unannehmbar gewesen wäre: die Annexion des Elsass und großer Teile Lothringens. Schon im August, nach den ersten Siegen der verbündeten deutschen Armeen, war in der deutschen Öffentlichkeit die Forderung nach territorialen Gewinnen, speziell nach der Wiedererlangung der »alten deutschen Reichsgebiete im Westen« erhoben worden – eine Forderung, die nun zur offiziellen Politik wurde.

Die französische Reaktion darauf war die Ausrufung einer »levée en masse«, einer Massenaushebung. Neue Truppen wurden zusammengezogen und sofort an die Front geworfen. Diese unausgebildeten Rekruten kämpften die Herbst- und frühen Wintermonate hindurch weiter gegen die deutschen Truppen, unterstützt durch eine immer stärker wachsende Freischärlerbewegung.

Als im Oktober die seit August in der Festung Metz eingeschlossene französische Armee kapitulierte, war der Widerstand im Land weitgehend gebrochen. Nur die Hauptstadt Paris kämpfte noch, kapitulierte aber ebenfalls nach viermonatiger Belagerung im Januar 1871, nachdem alle Nahrungsmittelreste einschließlich der Tiere im Zoo und der Ratten auf den Dachböden verzehrt und selbst die Bäume auf den Champs-Élysées zu Brennholz verarbeitet worden waren.

Am 18. Januar 1871 wurde Wilhelm von Preußen daraufhin im Spiegelsaal von Versailles zum deutschen Kaiser ausgerufen. Deutschland hatte sein Kriegsziel, die Herstellung der deutschen Einheit, damit erreicht. Und auch die Abtretung Elsass-Lothringens wurde im anschließenden formellen Friedensschluss besiegelt.

Frankreich und der Wunsch nach Revanche

Es waren also drei Niederlagen, die Frankreich im Verlauf des Krieges zu verarbeiten hatte: Die Niederlage von Sedan wurde sehr schnell als Niederlage des Kaiserreiches abgetan, aus der die Revolution hervorgegangen sei. So wie 1792 die Erste Republik auf die Invasion der europäischen Großmächte mit der ersten »levée en masse« geantwortet und die Revolution zum Siege geführt habe, so würde auch diesmal eine Volksarmee die erneuerte Republik zum Siege führen[52] – so die Hoffnung.

In diesen Deutungsentwurf musste allerdings sehr bald die Kapitulation der in Metz eingeschlossenen Armee integriert werden. In der Pressekampagne, die unmittelbar nach der Übergabe der Stadt einsetzte, war schnell ein Schuldiger gefunden: General Achille François Bazaine, der Befehlshaber der Armee von Metz, habe sich des Verrats schuldig gemacht. Auch dies war eine Interpretation der Geschehnisse, die auf die Revolution von 1789 und die von der Ersten Republik begründete Tradition Bezug nahm, »die Generäle verlorener Schlachten oder unzeitiger Kapitulationen zur Verantwortung zu ziehen und wenn möglich zu guillotinieren«.[53] Tatsächlich wurde Bazaine drei Jahre nach dem Krieg der Prozess gemacht, und obwohl ihm absichtlicher Hochverrat nicht zweifelsfrei nachgewiesen werden konnte, erhielt er die Todesstrafe. Auch wenn dies nur symbolisch war und Bazaine sofort zu lebenslanger Haft begnadigt wurde, so muss die Affäre im Rückblick doch als Versuch gedeutet werden, die Vorgänge im deutsch-französischen Krieg psychologisch zu verarbeiten.

Die dritte Niederlage schließlich, die Kapitulation von Paris, war die schmerzhafteste. Damit war der Mythos von der Unbesiegbarkeit der Revolution nicht mehr aufrechtzuerhalten. Verbunden war diese Niederlage zudem mit einer zusätzlichen Demütigung: Kein Ort innerhalb Deutschlands, sondern ausgerechnet das Schloss Ludwigs XIV. war ausgesucht worden, um das deutsche Kaiserreich zu gründen. Der Schweizer Historiker Jacob Burckhardt erkannte bereits damals die psychische Dimension, die diesem Vorgang zugrunde lag:

Es ist ein neues Element in der Politik vorhanden, eine Vertiefung, von der frühere Sieger nichts gewusst haben, wenigstens keinen bewussten Gebrauch gemacht haben. Man sucht den Besiegten möglichst tief vor sich selbst zu erniedrigen, damit er sich künftig nicht einmal mehr etwas Rechtes zutraue.[54]

Doch man unterschätzt die symbolische Bedeutung der Kaiserkrönung in Versailles, wenn man sie als bloße Demütigung begreift. Die deutsche Einheit musste aus einem viel gewichtigeren Grund dort vollendet werden. Mit dem Akt der Kaiserkrönung im Spiegelsaal Ludwigs XIV. sollte ganz Frankreich vor Augen geführt werden, dass der Krieg, der als Auseinandersetzung mit Preußen begonnen hatte, als Niederlage gegen Deutschland endete.

Spätestens seit Napoleon I. hatte Frankreich sich als Schutzmacht der deutschen Kleinstaaten gegen das »gefräßige preußische Raubtier« begriffen. Deutschland ohne Preußen war in Frankreichs Blick »ein zartes, fast mädchenhaftes Gebilde, dass nicht nur Frankreichs geistiges Alter Ego, sondern eigentlich seine Geliebte sein konnte«.[55] »Deutschland« war eine Art Gegenentwurf zum seelenlosen, militaristischen Preußen, zu dem Frankreich lediglich in der Zeit Friedrichs des Großen eine freundschaftliche Verbindung hatte aufbauen können.

Mit der Kaiserproklamation wurde Frankreich nun von den deutschen Kleinstaaten selbst, die in den napoleonischen Kriegen zum Teil an der Seite Frankreichs gekämpft hatten, der Rolle des ritterlichen Beschützers enthoben. Der Akt in Versailles, im Herzen Frankreichs, war damit auch eine Geste demonstrativer Zurückweisung.[56]

Wäre die bloße Niederlage für Frankreich vielleicht noch hinnehmbar gewesen, so führten die mit ihr verbundenen Umstände bereits unmittelbar nach dem Ende des Krieges zu dem Wunsch nach Revanche. Dieses Ziel wurde zum einigenden, konstitutiven Bestandteil der Dritten Republik über alle sozialen Schichten und politischen Gruppierungen hinweg. Vordergründig bezog sich die Idee der Revanche darauf, die Annexion Elsass-Lothringens rückgängig zu machen. Dahinter aber lag das Verlangen, die Schmach der Niederlage insgesamt wettzumachen.

Der 1. März 1871, der Tag, an dem die französische Nationalversammlung zähneknirschend die von den Deutschen diktierten Friedensbedingungen akzeptierte, war zugleich der Tag, an dem dieses Begehren zum politischen Programm wurde. Stellvertretend für ganz Frankreich formulierte Victor Hugo in seiner letzten Parlamentsrede:

Von morgen an wird Frankreich nur einen Gedanken haben; seine Kräfte zu sammeln; seine Kindern einen heiligen Zorn zu lehren; Kanonen zu gießen und Bürger zu formen – bis Volk und Armee eins sind.[57]

Alles sollte von nun an auf dieses Ziel ausgerichtet sein, forderte Victor Hugo: Die Wissenschaft habe sich in den Dienst des Krieges zu stellen; das ganze Land sollte sich modernisieren, um wieder das große Frankreich des Buches und des Schwertes zu werden. Hugos Rede ist von Hass getränkt, und Hass benennt er als die für die Revanche notwendige Kraft: »Eines Tages dann ist die Nation bereit. Ihr Losschlagen wird furchtbar sein.«[58] Er bekommt dafür tosenden Beifall.

Mit diesen Worten Victor Hugos wurde die Niederlage 1870/71 zum Wegbereiter eines zukünftigen Krieges. Erst als dieser 1918 gewonnen war, ergab sich die Gelegenheit, die Demütigung an Deutschland zurückzugeben: Auf Drängen der Franzosen wurden die diplomatischen Vertreter Deutschlands am 28. Juni 1919 in den Spiegelsaal von Versailles bestellt, um dort den Friedensvertrag zu unterschreiben, der unter anderem die Abtrennung Elsass-Lothringens von Deutschland beinhaltete.

Sedan-Mythos und Sedantag

Die Frage, inwieweit die erniedrigenden Friedensbedingungen des Deutsch-Französischen Krieges für den Ausbruch des Ersten Weltkriegs verantwortlich zu machen sind, ist unter Historikern beinahe ebenso kontrovers diskutiert worden, wie die Behauptung, der Versailler »Schandfriede« nach Ende des Ersten sei ein maßgeblicher Grund für den Zweiten Weltkrieg gewesen.

Eine solche Debatte übersieht die vielfältigen Funktionen, die Frankreich als Projektionsfläche der innerdeutschen Konflikte auch weiterhin zu erfüllen hatte. Mit dem Ausbruch des Krieges 1870 war zwar eine nationale Solidarisierung eingetreten, die deutsche Einheit aber noch lange nicht erreicht. Mit dem Sieg bei Sedan war zwar die französische Armee entscheidend geschlagen worden, aber dies hatte keine unmittelbare Rückwirkung. Noch bedurfte es der Zustimmung der deutschen Fürstenhäuser, für die die deutsche Einheit in erster Linie bedeutete, Kompetenzen und Macht an eine Zentralgewalt abzugeben.

Während des Krieges trieb Bismarck die Verhandlungen mit allem Nachdruck voran. Um sie zum Erfolg führen zu können, durfte das nationale Triumph- und Überlegenheitsgefühl keinen Dämpfer erleiden. Frankreich einen freundschaftlichen Frieden anzubieten, dafür war die innenpolitische Situation nicht reif, dafür war die im Entstehen begriffene Nation noch zu labil. Und da Frankreich nun einmal nicht zum Freund gewonnen werden könne – Bismarck begründete dies mit unüberbrückbaren »Interessengegensätzen« –, erschien es sogar als ein Gebot der Vernunft, das Land so weit zu schwächen, dass es gar nicht mehr in der Lage sein würde, sich erneut gegen Deutschland zu erheben. In der Sprache Bismarcks klang dies folgendermaßen:

Die einzige richtige Politik ist unter solchen Umständen, einen Feind, den man nicht zum aufrichtigen Freund gewinnen kann, wenigstens etwas unschädlicher zu machen und uns mehr gegen ihn zu sichern, wozu nicht die Schleifung seiner uns bedrohenden Festungen, sondern nur die Abtretung einiger derselben genügt.[59]

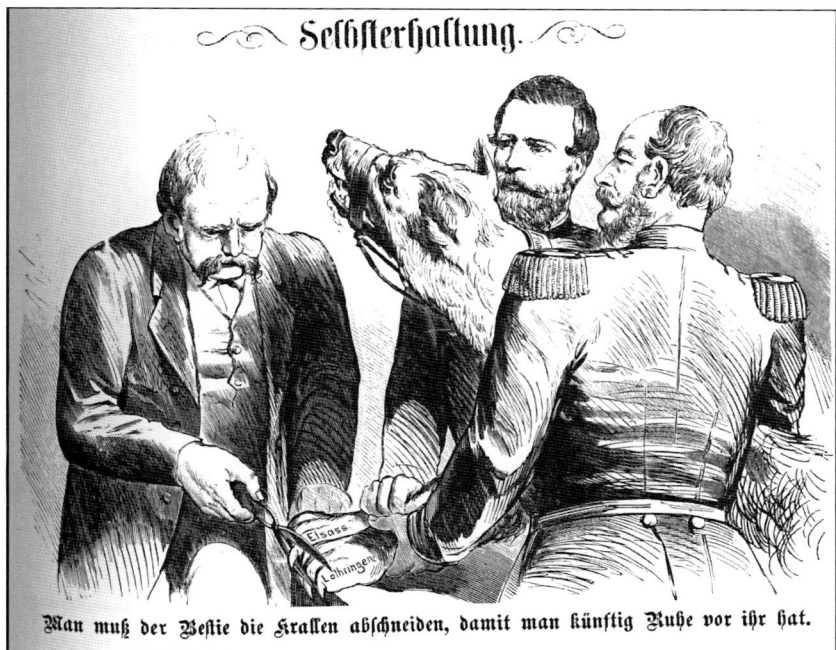

»Man muß der Bestie die Krallen abschneiden, damit man künftig Ruhe vor ihr hat« – Karikatur aus dem *Kladderadatsch* vom 4. September 1870. Die Annexion Elsass-Lothringens wurde als notwendiger Akt der Selbsterhaltung gerechtfertigt.

Entsprechend der geringen Begeisterung, die das Projekt Einheit bei den deutschen Fürstenhäusern auslöste, war die Stimmung bei der Kaiserproklamation, die am 18. Januar 1871 im Spiegelsaal von Versailles stattfand, alles andere als unbeschwert. Augenzeugen berichten von hölzernen Reden und verlegenem Verhalten der meisten Anwesenden. Hätte nicht der Großherzog von Baden am Schluss der Zeremonie ein kräftiges Hoch auf den neuen Kaiser ausgebracht, in das der Saal vielstimmig einfiel – die gesamte Krönung wäre ohne jeden Jubel geblieben.

Obwohl der 18. Januar der Tag war, an dem sich das Reich politisch konstituierte, bedurfte es ganz offensichtlich eines anderen Mythos, um die im Deutschen Reich immer noch vorhandenen Partikularinteressen, Widersprüche und Ambivalenzen zu überdecken. Kein Ereignis bot sich dabei so an wie der Kampf von Sedan. In dieser Schlacht war der offenbar kriegsentscheidende Sieg errungen worden, in dieser Schlacht hatten Sachsen und Bayern, Thüringer und Württemberger, Westfalen und Preußen Seite an Seite gekämpft. Als die Nachricht vom Sieg die deutschen Staaten erreicht hatte, war es zudem in vielen deutschen Orten zu spontanen kleinen Siegesfeiern gekommen.

Von verschiedenen Seiten ist deshalb versucht worden, den 2. September als nationalen Feiertag zu etablieren. Wirklich gelungen ist das allerdings nie, dafür waren die sozialen Milieus, regionalen Orientierungen und politischen Interessen in Deutschland zu unterschiedlich. In Süddeutschland erschienen andere Schlachten des Krieges gedenkenswerter, in Bayern war dies zum Beispiel die Schlacht bei Wörth, im Saarland die Schlacht an den Spicherer Höhen. In Preußen stand das dynastische Gedenken an das Haus Hohenzollern im Vordergrund bei der offiziellen Erinnerung an den Deutsch-Französischen Krieg – auch dies war natürlich nicht ohne weiteres auf ganz Deutschland zu übertragen. Und für die Sozialdemokratie war der Sedantag schlicht der »Reichsschlachttag«. Erst der Ausbruch des Ersten Weltkrieges eröffnete wieder die Chance, den Mythos von der Geburt der geeinten Nation aus dem Volke selbst zu erneuern. Auch von deutscher Seite trug der Krieg von 1870/71 damit bereits den Keim für einen weiteren Konflikt in sich.

Anhang

Anmerkungen

Einleitung

1 Stig Förster, Markus Pöhlmann, Dierk Walter (Hg.): *Schlachten der Weltgeschichte*, München 2004, S. 10.
2 Paul Kennedy: *The Rise and Fall of the Great Powers. Economic Change and Military Conflict from 1500 to 2000*, New York 1988; deutsche Ausgabe: *Aufstieg und Fall der großen Mächte. Ökonomischer Wandel und militärischer Konflikt von 1500 bis 2000*, Frankfurt/Main 2000.
3 Vgl. Wolfgang Schivelbusch: *Die Kultur der Niederlage*, Frankfurt/Main 2003.
4 John Keegan: *Das Antlitz des Krieges*, Frankfurt/Main, New York 1991.
5 Keegan 1991, S. 51.
6 Pierre Nora (Hg.), *Les lieux de mémoire*, 7 Bände, Paris 1984–1992.
7 Pierre Nora (Hg.): *Erinnerungsorte Frankreichs*, München 2005, S. 15 f.
8 Schivelbusch 2003, S. 46–49.

1529 – Die Belagerung Wiens

1 Peter Stern von Labach: *Wahrhaftige Handlung wie und welchermassen der Türk die Stadt Ofen und Wien belegert*, Nürnberg 1530, S. 6.
2 Marianne Lunzer: »Die Relation des Peter Stern von Labach über die erste Wiener Türkenbelagerung«, in: *Die Türken – und was von ihnen blieb*, hg. vom Verband der Wissenschaftlichen Gesellschaft Österreichs, Wien 1978, S. 54–58, hier S. 54.

3 Caroline Finkel: *Osman's Dream: The Story of the Ottoman Empire 1300–1923*, London 2005, S. 125.

4 Samuel P. Huntington: *Kampf der Kulturen*, München 1996, S. 336 f.

5 Wolfgang Höpken: »Die Unfähigkeit zusammenzuleben«, in: Josip Furkes und Karl-Heinz Schlarp (Hg.): *Jugoslawien: Ein Staat zerfällt*, Reinbek 1991, S. 32–62, hier S. 53 f.

6 Paul Lendvai: *Die Ungarn. Ein Jahrtausend Sieger in Niederlagen*, München 1999, S. 110 ff., S. 117.

7 Karl Teply: *Türkische Sagen und Legenden um die Kaiserstadt Wien*, Wien u. a. 1980, S. 35 ff.

8 Walter Hummelberger: *Wiens erste Belagerung durch die Türken 1529*, Wien 1979, S. 2 f.; Christine Turetschek: *Die Türkenpolitik Ferdinands I. von 1529 bis 1532*, Wien 1968, S. 110.

9 Finkel 2005, S. 118 ff.

10 Fernand Braudel: *Karl V.*, Frankfurt/ Main u. a. 1992, S. 13 ff.

11 Finkel 2005, S. 123 f.

12 Lunzer 1978, S. 54.

13 Stern 1530, S. 2.

14 Hummelberger 1979, S. 6 ff.

15 *Sulaiman des Gesetzgebers Tagebuch auf seinem Feldzuge nach Wien*, hg. von W. F. A. Behrnauer, Wien 1858 (Österreichische Nationalbibliothek, Sig. Hist. Osm. 50, Bl. 112–132).

16 *Sulaiman des Gesetzgebers Tagebuch auf seinem Feldzuge nach Wien*, S. 12.

17 *Sulaiman des Gesetzgebers Tagebuch auf seinem Feldzuge nach Wien*, S. 13, S. 15.

18 Zitiert nach Turetschek 1968, S. 112 f.

19 Zitiert nach Turetschek 1968, S. 114 f.

20 *Sulaiman des Gesetzgebers Tagebuch auf seinem Feldzuge nach Wien*, S. 20.

21 Hummelberger 1979, S. 6.

22 Stern 1530, S. 4.

23 Hummelberger 1979, S. 13.

24 Stern 1530, S. 4.

25 Turetschek 1968, S. 110.

26 Margret Spohn: *Alles getürkt. 500 Jahre (Vor)Urteile der Deutschen über die Türken*, Oldenburg 1993, S. 44–47.

27 Hummelberger 1979, S. 18.

28 Vgl. Kapitel 2 in diesem Buch.

29 Bertrand Michael Buchmann: *Österreich und das Osmanische Reich. Eine bilaterale Geschichte*, Wien 1999, S. 11; Mathieu Lepetit: »Die Türken vor Wien«, in: Etienne François, Hagen Schulze (Hg.): *Deutsche Erinnerungsorte I*, München 2001, S. 391–406, hier bes. S. 394.

30 Lepetit 2001, S. 396.

31 Spohn 1993, S. 21.

32 Ivo Andrić: *Die Brücke über die Drina*, Frankfurt/Main 1974, S. 16 ff.

33 Basilike D. Papoulia: *Ursprung und Wesen der »Knabenlese« im Osmanischen Reich*, München 1963, S. 109 f.

34 Papoulia 1963, S. 111.

35 Stern 1530, S. 6.

36 Stern 1530, S. 8.

37 *Sulaiman des Gesetzgebers Tagebuch auf seinem Feldzuge nach Wien*, S. 23.

38 *Sulaiman des Gesetzgebers Tagebuch auf seinem Feldzuge nach Wien*, S. 26.

39 Stern 1530, S. 13.

40 *Sulaiman des Gesetzgebers Tagebuch auf seinem Feldzuge nach Wien*, S. 27.

41 *Sulaiman des Gesetzgebers Tagebuch auf seinem Feldzuge nach Wien*, S. 31.

42 *Sulaiman des Gesetzgebers Tagebuch auf seinem Feldzuge nach Wien*, S. 33.

43 Tagebuch des Siegmund von Herberstein, in: *Fontes rerum Austriacarum*, Abt. I, Bd. I, S. 290.

44 Zitiert nach Joseph von Hammer-Purgstall: *Wien's erste aufgehobene türkische Belagerung*, Pest 1829, S. 51.

45 Zitiert nach Lepetit 2001, S. 394.

46 Lepetit 2001, S. 402.

1631 – Die Zerstörung Magdeburgs

1 Leonhard Wolff: Brief an seinen Vater Johann Jakob Wolff von und zu Todtenwardt über Magdeburgs Eroberung, in: Ernst Neubauer: *Magdeburgs Zerstörung 1631. Sammlung zeitgenössischer Berichte*, Magdeburg 1931, S. 65–66, hier S. 65.

2 Zitiert nach Karl Lohmann (Hg.): *Die Zerstörung Magdeburgs von Otto von Guericke und andere Denkwürdigkeiten aus dem Dreißigjährigen Kriege*, Berlin 1913, S. 208, S. 210.

3 Wolff (1631) 1931, S. 66.

4 Vgl. Markus Meumann, Dirk Niefanger: »Für eine interdiszipli-
näre Betrachtung von Gewaltdarstellungen des 17. Jahrhunderts.
Einführende Überlegungen«, in: dies. (Hg.): *Ein Schauplatz
herber Angst. Wahrnehmung und Darstellung von Gewalt im
17. Jahrhundert*, Göttingen 1997, S. 7–23, hier S. 8 ff.

5 Ralf Pröve: »Violentia und Potestas. Perzeptionsprobleme von Gewalt in Söldnertagebüchern des 17. Jahrhunderts«, in: Meumann/
Niefanger 1997, S. 24–42, hier S. 40.

6 Vgl. dazu beispielhaft Wilhelm Franz Sintenis (Hg.): *Die zweite
Saecular-Feier der Zerstörung Magdeburgs durch Tilly am 10. Mai
1631 oder Sammlung aller am 10. Mai 1831 in den evangelischen
Kirchen Magdeburgs und seiner Vorstädte gehaltenen Predigten*,
Magdeburg 1831.

7 Michael Kaiser: »›... aber ich muß erst Beute machen‹. Die Zerstörung Magdeburgs im Spiegel von Selbstzeugnissen«, in: Matthias
Puhle (Hg.): »*... gantz verheeret!« Magdeburg und der Dreißigjährige Krieg. Beiträge zur Stadtgeschichte und Katalog zur Ausstellung
des Kulturhistorischen Museums Magdeburg im Kunstmuseum
Kloster Unser Lieben Frauen*, Magdeburger Museumsschriften 6,
2. Auflage, Halle/Saale 1998, S. 63–70, hier S. 69.

8 Vgl. Werner Lahne: *Magdeburgs Zerstörung in der zeitgenössischen Publizistik. Gedenkschrift des Magdeburger Geschichtsver-
eins zum 10. Mai 1931*, Magdeburg 1931.

9 So lautet die Überschrift eines Kapitels aus Geoffrey Parker: *Der
Dreißigjährige Krieg*, Frankfurt/Main, New York 1991, S. 187 ff.

10 Zitiert nach Michael Kaiser: »›Excidium Magdeburgense‹. Beobachtungen zur Wahrnehmung und Darstellung von Gewalt im
Dreißigjährigen Krieg«, in: Meumann/Niefanger 1997, S. 43–64,
hier S. 51.

11 Parker 1991, S. 196.

12 Lahne 1931, S. 48.

13 Parker 1991, S. 11 ff.

14 Gérald Chaix: »Die Reformation«, in: Etienne François, Hagen
Schulze (Hg.): *Deutsche Erinnerungsorte II*, München 2001,
S. 9–27, hier S. 11 f.

15 Vgl. Heinz Schilling: *Aufbruch und Krise. Deutschland 1517–
1648*, Berlin 1998, S. 401 ff.

16 So war Magdeburg Partnerin in protestantischen Bündnissen, wie
dem Torgauer oder dem Schmalkaldischen Bund. Im Nürnberger

Religionsfrieden 1532 trat die Stadt auch auf Reichsebene als Vertragspartnerin auf.

17 Mathias Tullner: »Das Trauma Magdeburg – Die Elbestadt im Dreißigjährigen Krieg«, in: Puhle 1998, S. 13–24, hier S. 14.

18 Tullner 1998, S. 15.

19 Gerhard Schormann: *Der Dreißigjährige Krieg*, Göttingen 1985, S. 42.

20 Magdeburg verfügte über etwa 2000 Fußsoldaten und 250 Reiter. Vgl. N. N.: *Warhafftiger und außführlicher Bericht Von der Stadt Magdeburg / wie es sich vom 1. Martij 1631. biß den 10. May dieses Jahrs inn der Belagerung unterm Commando Graff Johan von Tilli zugetragen hat.* Gedruckt im Jahr / M.DC.XXXI, Folio *A iv'*.

21 Barbara Stadler: *Pappenheim und die Zeit des Dreißigjährigen Krieges*, Winterthur 1991, S. 440.

22 Stadler 1991, S. 445.

23 Zitiert nach Lohmann 1913, S. 197.

24 Vgl. Stadler 1991, S. 504.

25 N. N.: *Warhafftiger und außführlicher Bericht Von der Stadt Magdeburg*, Folio *B ii*.

26 N. N.: *Warhafftiger und außführlicher Bericht Von der Stadt Magdeburg*, Folio *A iv'*.

27 Tullner 1998, S. 20.

28 N. N.: *Warhafftiger und außführlicher Bericht Von der Stadt Magdeburg*, Folio *B iii*.

29 *Warhafftiger und außführlicher Bericht Von der Stadt Magdeburg*, Folio *B ii'*.

30 Zitiert nach Lohmann 1913, S. 198.

31 Robert Volkholz: *Jürgen Ackermann. Kapitän beim Regiment Alt-Pappenheim. 1631*, Halberstadt 1895, S. 21.

32 Der offizielle Bericht der Schweden wurde in zahlreichen Kopien verbreitet und erreichte erhebliche Wirkung für die Bildung der öffentlichen Meinung: *Copia. Kurtzer / Vnd Warhafftiger Bericht / Nemblich: Warumb die Kön. Mayestät zu Schweden / etc. der Stadt Magdeburg nicht secundiren können. Welches den sämptlichen Evangelischen Ständen communiciret worden.* Gedruckt im Jahr / 1631. Vgl. zur publizistischen Wirkung: Lahne 1931, S. 54 ff.

33 Zitiert nach Stadler 1991, S. 504.

34 Silvia Serena Tschopp: *Heilsgeschichtliche Deutungsmuster in der Publizistik des Dreißigjährigen Krieges. Pro- und antischwedische*

Propaganda in Deutschland 1628 bis 1635, Frankfurt/Main 1991, S. 246.

35 Das Programm blieb bewusst unkonkret, da gerade die protestantischen Stände bei einer Neuordnung der politischen Verhältnisse immer auch um ihre ständische Freiheiten fürchteten. Vgl. Tschopp 1991, S. 243.

36 Beatrice Wolter: *Deutsche Schlagwörter zur Zeit des Dreißigjährigen Krieges*, Frankfurt/Main u. a. 2000, S. 298 ff.

37 Wolter 2000, S. 300 f.

38 Tschopp 1991, S. 231 f.

39 Wolter 2000, S. 303.

40 Tschopp 1991, S. 242 f., vgl. S. 234.

41 Zu diesen und weiteren biografischen Daten vgl. Volkholz 1895, S. 10 f.

42 Zitiert nach Volkholz 1895, S. 13.

43 Vgl. Pröve 1997, S. 36 f.

44 Parker 1991, S. 284.

45 Parker 1991, S. 283.

46 Parker 1991, S. 289.

47 Vgl. Stadler 1991, S. 457 f.

48 Zitiert nach Jürgen Kuczynski: *Geschichte des Alltags des deutschen Volkes*, Band 1: *1600–1650*, Berlin 1981, S. 100.

49 Simon Printz: »Die Erzählung von einem Bürger, der mit in der Eroberung gewesen«, in: Neubauer 1931, S. 47–52, hier S. 47.

50 Zitiert nach Lohmann 1913, S. 198.

51 N. N.: *Warhafftiger und außführlicher Bericht Von der Stadt Magdeburg*, Folio B.

52 Zitiert nach Lohmann 1913, S. 198.

53 N. N.: *Warhafftiger und außführlicher Bericht Von der Stadt Magdeburg*, Folio B iii'.

54 Georg Ackermann: »Erzählung seines Anteils bei dem Sturm auf Magdeburg«, in: Neubauer 1931, S. 15–17, hier S. 15.

55 Stadler 1991, S. 512 f.

56 Volkholz 1895, S. 21.

57 Ackermann (1631) 1931, S. 16.

58 Printz (1631) 1931, S. 48.

59 Dieses wie die folgenden Zitate aus Ackermann (1631) 1931, S. 16.

60 Vgl. z. B. Volkholz 1895, S. 57 ff.

61 Wolff (1631) 1931, S. 66.

62 Zitiert nach Lahne 1931, S. 84.

63 Vgl. den Bericht der *Leipziger Reichszeitung* in Lahne 1931, S. 20.

64 Zitiert nach Lahne 1931, S. 61.

65 So die Interpretation von Stadler 1991, S. 510.

66 Zitiert nach Lahne 1931, S. 21.

67 Ackermann (1631) 1931, S. 17.

68 Kaiser 1998, 63.

69 Zitiert nach Lohmann 1913, S. 200.

70 Zitiert nach Lohmann 1913, S. 206.

71 Christoph Thodänus: »Beschreibung seiner Erlebnisse bei der Zerstörung Magdeburgs«, in: Neubauer 1931, S. 55–63, hier S. 60.

72 Printz (1631) 1931, S. 51.

73 Entsprechend lautet die Interpretation von Michael Kaiser 1998, S. 66.

74 Zitiert nach Lohmann 1913, S. 210.

75 Zitiert nach Lohmann 1913, S. 211, S. 213.

76 Vgl. Kaiser 1998, S. 63 f.

77 Vgl. Kaiser 1997, S. 43.

78 Wolff (1631) 1931, S. 65 f.

79 N. N.: *Warhafftiger und außführlicher Bericht Von der Stadt Magdeburg* Folio *B iv.*

80 Zitiert nach Lohmann 1913, S. 209.

81 Wolff (1631) 1931, S. 66.

82 Thodänus (1631) 1931, S. 56.

83 Martin Knauer: »»... Das Mägdlein ist nicht todt, sondern es schläfft ...‹ Die Eroberung Magdeburgs als heilsgeschichtliches Ereignis«, in: Puhle 1998, S. 71–79, hier S. 72.

84 Knauer 1998, S. 71.

85 Knauer 1998, S. 71.

86 Vgl. Knauer 1998, S. 75 f.

87 N. N.: *Warhafftiger und außführlicher Bericht Von der Stadt Magdeburg*, Folio *B iv.*

88 N. N.: *Warhafftiger und außführlicher Bericht Von der Stadt Magdeburg*, Folio *C.*

89 Lahne 1931, S. 87.

90 »Tröstliches Gespräch / Königlicher Majest. In Schweden / mit der / von aller Welt verlassenen / nunmehr verheerten vnd verösigten Stadt Magdeburg / Darbey jhr / alle Hülff zu erzeigen / alles vbel an Jhr begangen zu rächen / bey Königlichen Ehren versprochen vnd

zugesagt worden«, M.DC.XXXI (Folio *A ij'*, *B ij*), zitiert nach: Tschopp 1991, S. 38f.

91 Stadler 1991, S. 517.

92 Vgl. dazu grundlegend Lahne 1931.

93 Tschopp 1991, S. 70f.

94 Parker 1991, S. 204f.

95 Volkholz 1895, S. 17.

96 Vgl. Kaiser 1997, S. 48ff.

97 N. N.: *Warhafftiger und außführlicher Bericht Von der Stadt Magdeburg*, Folio *C iii*.

98 Vgl. die zahlreichen verschiedenen Quellenbelege bei Kaiser 1997, S. 44.

99 Kaiser 1997, S. 47f.

100 Vgl. Kaiser 1997, S. 48.

101 Volkholz 1895, S. 17.

102 Kaiser 1997, S. 45f.

103 Kaiser 1997, S. 45, S. 51.

104 Lahne 1931, S. 4.

105 Vgl. Pröve 1997, S. 32ff.

106 Kaiser 1997, S. 54.

107 N. N.: *Warhafftiger und außführlicher Bericht Von der Stadt Magdeburg*, Folio *A*.

108 *Copia. Kurtzer / Vnd Warhafftiger Bericht / Nemblich: Warumb die Kön. Mayestät zu Schweden / etc. der Stadt Magdeburg nicht secundiren können*, Folio *A ii' – A iii*.

109 Vgl. Tschopp 1991, S. 40, S. 42ff., bes. S. 43.

110 Brief des bayerischen Gesandten Khunig an Kurfürst Maximilian I. von Bayern, Prag 7.6.1631, zitiert nach Kaiser 1997, S. 45.

111 Wolff (1631) 1931, S. 66.

112 N. N.: *Warhafftiger und außführlicher Bericht Von der Stadt Magdeburg*, Folio *C iv*.

113 Lohmann 1913, S. 213ff.

114 Ditmar Schneider: *Otto von Guericke. Ein Leben für die Alte Stadt Magdeburg*, Stuttgart, Leipzig 1997, S. 95.

115 Wolff (1631) 1931, S. 66.

116 N. N.: *Warhafftiger und außführlicher Bericht Von der Stadt Magdeburg*, Folio *C ii'*.

117 Vgl. Ditmar Schneider: »›... vielmehr Schaden erlitten alß ich durch die freyheit gewonnen ...‹ Die diplomatischen Abschickungen Otto Gerickes durch den Rat der Alten Stadt Magdeburg von 1642 bis 1666«, in: Puhle 1998, S. 80–91, hier S. 82ff.

118 Markus Meumann: »»... diese arme Stadt und Bürgerschafft so viel immer meglich in Gnaden verschonen ...‹ Konflikte um Festungsbau und Militarisierung in der zweiten Hälfte des 17. Jahrhunderts«, in: Puhle 1998, S. 92–99, hier S. 92 f.

119 Trutz Rendtorff: »Religiöser Konflikt und politischer Rechtsfrieden. Zur Bedeutung des Westfälischen Friedens von 1648 in der Perspektive des Christentums«, in: Klaus Garber u. a. (Hg.): *Der Frieden. Rekonstruktion einer europäischen Vision*, Band 1: *Erfahrung und Deutung von Krieg und Frieden. Religion – Geschlecht – Natur und Kultur*, München 2001, S. 247–260, hier S. 248.

120 Claire Gantet: »Der Westfälische Frieden«, in: François/Schulze 2001, S. 86–104, hier S. 87.

121 Andreas Gryphius, »Threnen des Vatterlandes« Anno 1636, aus: Andreas Gryphius: *Gesamtausgabe der deutschsprachigen Werke.* Herausgegeben von Marian Szyrocki und Hugh Powell. Band I, *Sonette*, Tübingen 1963, S. 48.

122 Gantet 2001, S. 92.

123 Gantet 2001, S. 88.

124 Gantet 2001, S. 97 ff.

125 Vgl. bes. die Liste der Schirmherren sowie die Grußworte von Roman Herzog, Daniel Tarschys und Wolfgang Schäfer in: Klaus Bußmann, Heinz Schilling (Hg.): *1648. Krieg und Frieden in Europa, Ausstellungskatalog*, Münster, Osnabrück 1998, S. 4 ff.

126 Rendtorff 2001, S. 249.

1813 – Die Völkerschlacht bei Leipzig

1 *Der Leipziger Totengräber in der Völkerschlacht. Nach einer hinterlassenen authentischen Handschrift*, Leipzig o. J., S. 3

2 Zitiert nach André Maurois: *Napoleon*, Reinbek 1966, S. 93.

3 Jean Tulard: *Napoleon oder der Mythos des Retters*, Frankfurt/Main 1982, S. 448.

4 Thomas Nicklas: »18. Oktober 1813: Blutige Selbstfindung einer Nation«, in: Eckart Conze, Thomas Nicklas (Hg.): *Tage deutscher Geschichte*, München 2004, S. 99–118, hier S. 118.

5 Hagen Schulze: »Napoleon«, in: Etienne François, Hagen Schulze (Hg.): *Deutsche Erinnerungsorte II*, München 2001, S. 28–46, hier S. 29.

6 Jean Carbonnier: »Der Code civil«, in: Pierre Nora (Hg.): *Erinnerungsorte Frankreichs*, München 2005, S. 159–178, hier S. 161.

7 Heinrich August Winkler: *Der lange Weg nach Westen*, Bd. 1, München 2000, S. 50.

8 Winkler 2000, S. 55

9 Johann Gottlieb Fichte: »Reden an die deutsche Nation«, in: ders.: *Werke*, Bd. 6, Berlin 1971, S. 259–499.

10 Golo Mann: *Deutsche Geschichte des 19. und 20. Jahrhunderts*, Frankfurt/Main 1995, S. 85.

11 Hagen Schulze: *Der Weg zum Nationalstaat*, München 1985, S. 63.

12 Friedrich von Gentz an Carl Gustav von Brinckmann, 17. Juni 1804, in Carl Gustav von Brinkmann: *Briefe von und an Friedrich von Gentz*, Bd. 2, München u. a. 1910, S. 194.

13 Ernst Moritz Arndt: »Der Emporgekommene«, in: ders.: *Ausgewählte Werke*, Bd. 9, Leipzig 1908, S. 213.

14 Joseph von Görres: *Reden gegen Napoleon*, hg. von Bernhard Ihringer, München 1914, S. 29.

15 Heinrich Friedrich Karl Stein: *Briefwechsel, Denkschriften und Aufzeichnungen*, Bd. 2, Berlin 1936, S. 333 ff.

16 Ludwig Rellstab: *Aus meinem Leben*, Bd. 1, Berlin 1861, S. 163 ff.

17 Dies und die folgenden Zitate aus: Traugott Krug: *An meine Zuhöhrer und die Studirenden in Leipzig überhaupt*, Leipzig 1813, S. 4.

18 Theodor Körner: »Aufruf, Frühling 1813«, in: ders.: *Leyer und Schwert*, Berlin 1814, S. 5.

19 Friedrich Rochlitz: *Tage der Gefahr. Ein Tagebuch der Leipziger Schlacht*, Leipzig 1988, S. 16, 12.

20 Ludwig Hußell: »Leipzig während der Schreckenstage«, in: Gerhard Graf (Hg.): *Die Völkerschlacht bei Leipzig in zeitgenössischen Berichten*, Leipzig 1988, S. 138–143, hier S. 139.

21 Rochlitz 1988, S. 17.

22 Rochlitz 1988, S. 17.

23 *Der Leipziger Totengräber in der Völkerschlacht* o. J., S. 3.

24 Johann Jakob Röhrig, »Unter der Fahne des ersten Napoleon«, in: Graf 1988, S. 58–67, hier S. 59.

25 Röhrig 1988, S. 58.

26 Röhrig 1988, S. 59.

27 Röhrig 1988, S. 59.

28 Rochlitz 1988, S. 35.

29 Rochlitz 1988, S. 37.

30 Zitiert nach: Hans Pohle: *Oktober 1813. Die Völkerschlacht bei Leipzig*, Leipzig 2003, S.73.

31 Röhrig 1988, S. 65 ff.

32 Rochlitz 1988, S. 38 f.

33 Plakatanschlag, Stadtarchiv Leipzig, L27/88 III-18–303 245.

34 Rochlitz 1988, S. 41.

35 Vgl. Miklós Farkas: »Ein Kurierreiter in der Völkerschlacht«, in: *Leipziger Blätter* 18/1991, S. 36.

36 Zitiert nach Pohle 2003, S. 111.

37 Rochlitz 1988, S. 45.

38 Rochlitz 1988, S. 51.

39 Friedrich A. W. Böhme in: Graf 1988, S. 68–74, hier S. 73.

40 Vgl. zum Beispiel Hermann Müller-Bohn: *Die deutschen Befreiungskriege,* hg. von Paul Kittel, 2 Bände, Berlin o.J. (1913), Bd. 1. S. V-VI und Bd. 2, S. 663–714.

41 Zitiert nach Tulard 1982, S. 447.

42 *Der Leipziger Totengräber in der Völkerschlacht,* o. J., S. 3.

43 Pohle 2003, S. 125 f.

44 Zitiert nach Tulard 1982, S. 448.

45 Rochlitz 1988, S. 62.

46 N.N.: »Ausbeute des Schlachtfeldes«, in: Karl-Heinz Börner (Hg.), *Vor Leipzig 1813. Die Völkerschlacht in Augenzeugenberichten,* Berlin o. J., S. 334.

47 Verordnung vom 29. Oktober 1813, Stadtarchiv Leipzig, L27/88 III-18–303 245.

48 Zitiert nach: G. H. Pertz: *Das Leben des Ministers Freiherrn vom Stein,* Bd. 3, Berlin 1851, S. 439 ff.

49 L. Hußell, zitiert nach Graf 1988, S. 140.

50 *Der Leipziger Totengräber in der Völkerschlacht,* o. J., S. 7.

51 Zitiert nach Pertz 1851, S. 439 ff.

52 Winkler 2000, S. 71 f.

53 Nicklas 2004, S. 100.

54 Ernst Moritz Arndt: *Ein Wort zur Feier über die Leipziger Schlacht,* Frankfurt/Main 1814, S. 5.

55 Zitiert nach Nicklas 2004, S. 117.

56 Zitiert nach Nicklas 2004, S. 118.

1870 – Sedan ohne Legende

1 Florian Kühnhauser: *1870–71. Kriegserinnerungen eines Soldaten des königlich-bayerischen Infanterie-Leibregiments,* Waging am See 2002 (1898), S. 83.

2 Kühnhauser 2002 (1898), S. 82.

3 Dennis Showalter: *Das Gesicht des modernen Krieges. Sedan, 1. und 2. September 1870*, in: Stig Förster, Markus Pohlmann und Dierk Walter (Hg.): *Schlachten der Weltgeschichte*, München 2004, S. 230–247, hier S. 240 f.

4 Kühnhauser 2002 (1898), S. 81.

5 Frank Becker: »2. September 1870/18. Januar 1871: Selbstbestätigung einer labilen Nation?«, in: Eckart Conze, Thomas Nicklas (Hg.): *Tage deutscher Geschichte*, München 2004, S. 156–176.

6 Vgl. Kapitel 3 in diesem Buch.

7 Zitiert nach Lothar Gall: *Bismarck. Der weiße Revolutionär*, Frankfurt/ Main u.a. 1980, S. 415 f.

8 Zitiert nach Franz Herre: *Napoleon III. Glanz und Elend des Zweiten Kaiserreichs*, München 1990, S. 325 f.

9 Zitiert nach Gall 1980, S. 434.

10 Gall 1980, S. 433 f.

11 Frank Kühlich: *Die deutschen Soldaten im Krieg 1870/71*, Frankfurt/ Main 1995, S. 130 f.

12 Kühnhauser 2002 (1898), S. 21 f.

13 Kühnhauser 2002 (1898), S. 23.

14 Kühnhauser 2002 (1898), S. 24.

15 Anonymus, in: Jean-François Lecaillon (Hg.), *Été 1870. La guerre racontée par les soldats*, Paris 2002, S. 15–16, hier S. 16.

16 Zitiert nach Kühlich 1995, S. 42–44.

17 Kühlich 1995, S. 42–44.

18 Showalter 2004, , S. 235.

19 Kühlich 1995, S. 181 ff.

20 Kühnhauser 2002 (1898), S. 66.

21 Kühnhauser 2002 (1898), S. 68.

22 Kühnhauser 2002 (1898), S. 68.

23 Leutnant Grand-Didier, zitiert nach Lecaillon 2002, S. 22–23

24 Kühnhauser 2002 (1898), S. 69.

25 Kühnhauser 2002 (1898), S. 70.

26 Kühnhauser 2002 (1898), S. 71.

27 Kühnhauser 2002 (1898), S. 73.

28 Kühnhauser 2002 (1898), S. 74.

29 Mark R. Stoneman: »The Bavarian Army and the French Civilians in the War of 1870–1871: A Cultural Interpretation«, in: *War in History* 8/2001, S. 271–293, hier S. 277.

30 C.L. Huard: *La Guerre Illustrée 1870–1871*, Paris o.J., S. 211.

31 Émile Zola: *Der Zusammenbruch*, Berlin 1978, S. 198 f.

32 Veronika Beci: *Émile Zola*, Düsseldorf 2002, S. 117.

33 Vgl. Lecaillon 2002, S. 209 ff.

34 Sériot (Général): »Extrait de notes et souvenirs du Général Sériot alors Lieutenant au 3e Régiment d'Infanterie de marine«, in: *Service historique de l'Armée de terre* (SHAT): Lr2.

35 Eckart Conze, Thomas Nicklas (Hg): *Tage deutscher Geschichte*, München.

36 Showalter 2004 S. 239.

37 Showalter 2004 S. 241 f.

38 Pierre Filipi, in: Lecaillon 2002, S. 231.

39 Showalter 2004, S. 245 f.

40 Zitiert nach Lecaillon 2002, S. 231.

41 Kühnhauser 2002 (1898), S. 409.

42 Kühlich 1995, S. 411 ff.

43 Kühnhauser 2002 (1898), S. 82 f.

44 Dietrich Freiherr von Laßberg: *Mein Kriegstagebuch aus dem deutsch-französischen Kriege 1870/71*, München und Berlin 1906, S. 80.

45 Kühnhauser 2002 (1898), S. 81 f.

46 H. Soret zitiert nach Lecaillon 2002, S. 241.

47 Alexandre Chalert zitiert nach Lecaillon 2002, S. 241.

48 H. Soret zitiert nach Lecaillon 2002, S. 241.

49 Kühnhauser 2002 (1898), S. 88.

50 Kühnhauser 2002 (1898), S. 81.

51 Kühnhauser 2002 (1898), S. 88.

52 Wolfgang Schivelbusch: *Die Kultur der Niederlage*. Frankfurt/ Main 2003, S. 43, S. 133.

53 Schivelbusch 2003, S. 141.

54 Jacob Burckhardt in einem Brief an Friedrich von Preen, 27. September 1870, in: Jacob Burckhardt: *Briefe*, Bd. 5, Basel/ Stuttgart 1963, S. 111.

55 Schivelbusch 2003, S. 143 f.

56 Schivelbusch 2003, S. 144.

57 Zitiert nach Schivelbusch 2003, S. 152 f.

58 Zitiert nach Schivelbusch 2003, S. 152 f.

59 Bismarck in einem Brief an Graf Bernstorff, 21. August 1870, in: Otto von Bismarck: *Gesammelte Werke*, Band 6b, S. 455.

Literatur

Einleitung

Stig Förster, Markus Pöhlmann, Dierk Walter (Hg.): *Schlachten der Weltgeschichte*, München 2004.

Paul Kennedy: *The Rise and Fall of the Great Powers. Economic Change and Military Conflict from 1500 to 2000*, New York 1988; deutsche Ausgabe: *Aufstieg und Fall der großen Mächte. Ökonomischer Wandel und militärischer Konflikt von 1500 bis 2000*, Frankfurt/Main 2000.

Wolfgang Schivelbusch: *Die Kultur der Niederlage*, Frankfurt/ Main 2004.

John Keegan: *Das Antlitz des Krieges*, Frankfurt/Main 1991.

Pierre Nora (Hg.), *Les lieux de mémoire*, 7 Bände, Paris 1984–1992.

Pierre Nora (Hg.): *Erinnerungsorte Frankreichs*, München 2005.

Etienne François, Hagen Schulze (Hg.): *Deutsche Erinnerungsorte*, 3 Bände, München 2001

1529 – Die Belagerung Wiens

Peter Stern von Labach: *Wahrhaftige Handlung wie und welchermassen der Türk die Stadt Ofen und Wien belegert*, Nürnberg 1530.

Marianne Lunzer: »Die Relation des Peter Stern von Labach über die erste Wiener Türkenbelagerung«, in: *Die Türken – und was von ihnen blieb*, Wien 1978.

Caroline Finkel: *Osman's Dream: The Story of the Ottoman Empire 1300–1923*, London 2005.

Karl Teply: *Türkische Sagen und Legenden um die Kaiserstadt Wien*, Wien u. a. 1980.

Walter Hummelberger: *Wiens erste Belagerung durch die Türken 1529*, Wien 1979

Christine Turetschek: *Die Türkenpolitik Ferdinands I. von 1529 bis 1532*, Wien 1968.

Fernand Braudel: *Karl V.*, Frankfurt/ Main u. a. 1992.

Sulaiman des Gesetzgebers Tagebuch auf seinem Feldzuge nach Wien, hg. von W. F. A. Behrnauer, Wien 1858.

Margret Spohn: *Alles getürkt. 500 Jahre (Vor)Urteile der Deutschen über die Türken*, Oldenburg 1993.

Bertrand Michael Buchmann: *Österreich und das Osmanische Reich. Eine bilaterale Geschichte*, Wien 1999.

Mathieu Lepetit: »Die Türken vor Wien«, in: Etienne François, Hagen Schulze (Hg.): *Deutsche Erinnerungsorte I*, München 2001.

Basilike D. Papoulia: *Ursprung und Wesen der »Knabenlese« im Osmanischen Reich*, München 1963.

Joseph von Hammer-Purgstall: *Wien erste aufgehobene türkische Belagerung*, Pest 1829.

1631 – Die Zerstörung Magdeburgs

Georg Ackermann: »Erzählung seines Anteils bei dem Sturm auf Magdeburg«, in: Ernst Neubauer, *Magdeburgs Zerstörung 1631. Sammlung zeitgenössischer Berichte*, Magdeburg 1931, S. 15–17.

Klaus Bußmann / Heinz Schilling: 1648. Krieg und Frieden in Europa, Ausstellungskatalog, Münster / Osnabrück 1998.

Gérald Chaix: »Die Reformation«, in: Etienne François / Hagen Schulze (Hg.), *Deutsche Erinnerungsorte II*, München 2001, S. 9–27

Copia. Kurtzer / Vnd Warhafftiger Bericht / Nemblich: Warumb die Kön. Mayestät zu Schweden / etc. der Stadt Magdeburg nicht *secundiren* können. Welches den sämptlichen Evangelischen Ständen *communiciret* worden. Gedruckt im Jahr / 1631.

Claire Gantet: »Der Westfälische Frieden«, in: Etienne François / Hagen Schulze (Hg.), *Deutsche Erinnerungsorte I*, München 2001, S. 86–104.

Andreas Gryphius: »Threnen des Vatterlandes« Anno 1636, aus: Andreas Gryphius: *Gesamtausgabe der deutschsprachigen Werke. Herausgegeben von Marian Szyrocki und Hugh Powell. Band I, Sonette*, Tübingen 1963, S. 48.

Michael Kaiser: »›Excidium Magdeburgense‹. Beobachtungen zur

Klaus-Rüdiger Mai
DIE BRONZEHÄNDLER
Eine verborgene Hochkultur
im Herzen Europas
2006 · 224 Seiten · Gebunden
ISBN 978-3-593-37912-8

Eine verschollene Hochkultur

Die jüngsten archäologischen Funde gelten als Sensation: Sie belegen, dass mitten in Deutschland schon zur Zeit der griechischen Antike Menschen lebten, die Astronomie betrieben und Handelsbeziehungen bis nach Mesopotamien pflegten: eine Hochkultur vor unserer Haustür? Die Himmelsscheibe von Nebra schlägt große Wogen unter Archäologen und Astronomen; das Sonnenobservatorium bei Goseck ist älter als Stonehenge. Klaus-Rüdiger Mai erzählt hier die spannende Entdeckungsgeschichte dieser und weiterer Funde. Er berichtet von verblüffenden Erkenntnissen und zeichnet das Leben in Mitteleuropa vor 3000 Jahren nach.